# *Mit dem* ***FAHRRAD*** *rund um* KÖLN

# Mit dem FAHRRAD rund um KÖLN

Norbert Schmidt
Herausgegeben von Ralph Jansen
2., überarbeitete Auflage

## Die schönsten Radtouren zwischen Porz und Worringen

J.P. BACHEM VERLAG

Bibliografische Information Der Deutschen Bibliothek
Die Deutsche Bibliothek verzeichnet diese Publikation in der Deutschen Nationalbibliografie; detaillierte bibliografische Daten sind im Internet über http://dnb.ddb.de abrufbar.

2., überarbeitete Auflage 2003

Umschlag und Layout: Heike Unger, Berlin
Reproduktionen und Kartenbearbeitung:
Reprowerkstatt Wargalla GmbH, Köln
Druck: Druckerei J.P. Bachem GmbH & Co. KG, Köln
Printed in Germany
ISBN 3-7616-1601-5

www.bachem-verlag.de

Bildnachweis:
Alle Abbildungen Norbert Schmidt, außer
Titelbild, Rückseite, S. 12, S. 15, S. 152 : Marion Koell, Köln
Kartenausschnitte mit Genehmigung der Stadt Köln, Amt für Liegenschaften, Vermessung und Kataster vom 21.03.2002, Nr.461

Hinweis:
Die Adressen und Angaben im Serviceteil des Buches wurden vom Autor sorgfältig recherchiert und vom Verlag überprüft. Wir bitten um Verständnis, dass Verlag und Autor keine Garantie für die Richtigkeit der Angaben übernehmen können. Für Korrekturhinweise sind wir sehr dankbar.

# Vorwort

Die „Kölner Stadt-Anzeiger"-Serien „Mit dem Fahrrad durch" den Erftkreis, das Bergische und Oberbergische Land, die Eifel sowie rund um Bonn und den Rhein-Sieg-Kreis sind auf großes Interesse gestoßen. Viele tausend Leser nutzen die vier bisher erschienenen kompakten, aber lückenlosen Führer, um sich einen schönen Tag in einer der liebenswertesten und zugleich abwechslungsreichsten Regionen Deutschlands zu machen: dem Rheinland rund um die Metropole Köln.

In diesem aktualisierten und überarbeiteten Band, den Sie nun in Händen halten, geht es um diese Metropole selbst. Nicht um den schnellsten Weg zur Uni, nicht um Schleichwege an den Staus vorbei – solche verschlungenen Pfade kennt jeder selbst am besten. Dem Autor Norbert Schmidt ist es aufgrund seiner großen Erfahrung als Verantwortlicher im Allgemeinen Deutschen Fahrrad-Club gelungen, bekannte und weniger bekannte Etappenstücke so zu vernetzen, dass der Leser und aktive Nutzer dieses wertvollen Buches – oft nur einen Steinwurf – abseits der hektischen Metropole beschauliche, aber auch abwechslungsreiche und vor allem erholsame Ferien vom Großstadtstress machen kann – wenn er sich nur, gut geführt, auf sein Fahrrad schwingt.

Dabei hält der Autor sich sowohl in Konzept, als auch in Aufmachung und Layout an den Stil der früheren Bände. Das hat für die Kenner der Reihe den Vorteil, dass sie sich nicht umzustellen brauchen, denn nach wie vor gilt: Der Text führt den Leser lückenlos durch unbekanntes Terrain. Auf Sehenswürdigkeiten, Rast- und Spielmöglichkeiten am Rande der Strecke wird ebenso hingewiesen, wie auf wichtige Gebäude, Plätze oder Naturdenkmäler. Besonderer Wert wird darauf gelegt, dass die Touren für die ganze Familie zu einem Erlebnis werden. Spielplätze, Bäder und andere Freizeiteinrichtungen werden aufgeführt, damit der Tag auch für Familien mit kleinen Kindern gut planbar wird.
Wo möglich sind Abkürzungen angegeben, der Schwierigkeitsgrad ist ebenfalls vorneweg schon genannt, damit sich niemand überanstrengt. Die Touren sollen schließlich auch kleinen Kindern Spaß machen. Andererseits ermöglichen Querverweise Kombinationen von mehreren Touren für ambitioniertere Biker. Das Schmökern und Ausprobieren dieser kenntnisreich verfassten Tourentipps hat viel Freude gemacht. Die wünsche ich auch Ihnen auf neuen Touren durch die schöne Stadt Köln.

# 14 Radtouren in und um Köln

Tour 1 Rundtour, 25 km

Tour 2 Rundtour 21, km

Tour 3 Rundtour, 21 km

Tour 4 Streckentour, 22 km

Tour 5 Rundtour, 35 km

Tour 6 Streckentour, 40 km

Tour 7 Rundtour, 22 km

Tour 8 Rundtour, 23 km

Tour 9 Streckentour, 25 km

Tour 10 Rundtour, 27 km

Tour 11 Rundtour, 30 km

Tour 12 Rundtour, 18 km

Tour 13 Rundtour, 17 km

Tour 14 Rundtour, 19 bzw. 25 km

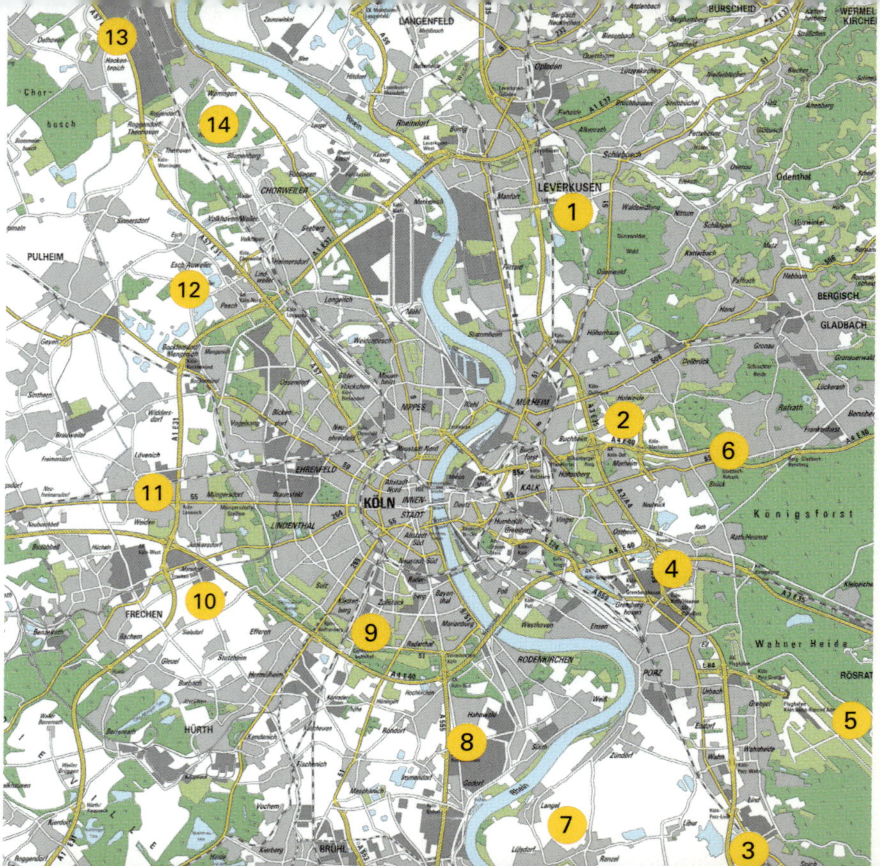

# Einleitung

Radfahren in Köln – damit verbinden viele das Radfahren auf stark befahrenen Straßen oder auf viel zu schmalen oder von Autos zugeparkten Radwegen. Dass Köln jedoch seit der letzten Kommunalreform flächenmäßig gewachsen ist und somit in den heutigen Außenbereichen recht ländlichen Charakter aufweist, wird dabei von den „Städtern“ oft übersehen. Das nun vorliegende Buch soll dazu beitragen, auch und gerade für alle Kölner Lücken zu schließen und Köln einmal aus anderen Perspektiven zu erleben als von der Domplatte, vom Neumarkt oder vom Rheinufer in Höhe der Altstadt aus.

## Ausgedehnte Grünzüge

Köln wird heute von vielen anderen Großstädten beneidet, da es der damalige Oberbürgermeister Konrad Adenauer verstanden hat, den städtischen Grüngürtel unter seiner Verantwortung von Bebauung weitgehend freizuhalten. Zwei der insgesamt 14 Touren führen entlang des links- und rechtsrheinischen Grüngürtels, wo man auf Zeugnisse der Vergangenheit stößt wie zum Beispiel alte Forts. Die Wahner Heide im Südosten Kölns ist eines der flächenmäßig größten Naturschutzgebiete im Rheinland. Außerdem befinden sich auf dem heutigen Kölner Stadtgebiet über 20 Burgen und Schlösser, die zwar heute in Privatbesitz oder in Wohnanlagen umgebaut sind, doch in einigen Fällen erlauben uns ihre Besitzer schon einmal einen kurzen Blick auf den Innenhof oder in den Garten. Am Tag des Denkmals (Mitte September) werden sogar die Tore und Türen für interessierte Besucher geöffnet.
Auch Landwirtschaft prägt das Bild in den Außenbereichen. So gibt es noch heute etwa 150 Bauernhöfe auf Kölner Stadtgebiet; viele haben jedoch inzwischen ihren landwirtschaftlichen Betrieb aufgegeben und vermieten heute ihre Ställe zum Einstellen von Pferden; vor allem im Kölner Norden sieht man viele Pferdekoppeln und Reiterhöfe. Das Netz landwirtschaftlicher Wege ist dementsprechend gut für den Radverkehr nutzbar.

## Sieben links, sieben rechts

Insgesamt 14 Touren werden beschrieben, sieben davon im Linksrheinischen, sieben auf der „Schäl Sick“, eine Tour verläuft auf beiden Seiten des Rheins im Kölner Süden. Abgerundet wird das Erlebnis Radfahren in Köln durch zahlreiche Erholungsanlagen und andere Freizeiteinrichtungen wie Bäder und Spielplätze, Wildgehege, Parkanlagen und thematische Lehrpfade wie zum Beispiel der Wasserlehrpfad am Wasserwerk Weiler im Kölner Norden. Wer nach einer Tour noch Zeit und Kondition hat, wird im Text auf Anschluss-Touren hingewiesen, da fast jede Tour mit einer anderen Tour verbunden ist. So lassen sich für geübte Radlerinnen und Radler auch zwei Touren hintereinander bewältigen.

## Autofreie Routen

Bei der Auswahl der Strecken wurde darauf geachtet, dass diese möglichst autofrei, abseits stark befahrener Straßen sowie möglichst auch von Ungeübten und Kindern gefahrlos bewältigt werden können. Sollten Gefahrenstellen vorhanden sein oder Steigungen, zu enge Drängelgitter o.ä., so wird in der Tourenbeschreibung darauf hingewiesen. Ebenso werden Hinweise auf die Wegbeschaffenheit und entsprechende Empfehlungen für bestimmte Fahrradtypen sowie Fahrradanhänger gegeben.

Ausgangspunkte der Touren sind Park & Ride-Plätze an Bahnhöfen, sodass mit Auto oder Bahn angereist werden kann. Bei den meisten Touren handelt es sich um Rundtouren, also mit identischem Start und Ziel, einige Touren sind jedoch aufgrund ihrer Länge – so zum Beispiel die Touren durch den äußeren Grüngürtel – reine Streckentouren, also mit unterschiedlichem Start- und Zielpunkt. Da das Bahnnetz in und um Köln jedoch auch am Wochenende und an Feiertagen gut bedient ist, bietet sich die Kombination von Bahn und Fahrrad an. Auch längere Rundtouren lassen sich bei dieser Kombination unterbrechen oder abkürzen, da nicht mehr zum Ausgangspunkt zurückgeradelt werden muss.

## Infos und detaillierte Wegbeschreibung

Jeder Tourenbeschreibung ist ein Info-Kasten vorangestellt, in dem sowohl die Tourenlänge als auch die Charakteristik und der Schwierigkeitsgrad der Strecke kurz beschrieben werden. Sind keine besonderen Hinweise vorhanden, so handelt es sich um eine leichte, auch von Ungeübten sowie Kindern, aber auch mit einfachen Fahrrädern und mit Kinderanhänger gut zu bewältigende Radtour. Sehenswürdigkeiten, Tipps zur Einkehr und Besichtigung sind dort ebenfalls aufgeführt. Adressen und Telefon-Nummern finden Sie im Serviceteil hinten im Buch.

Im Text erfolgt die detaillierte Wegbeschreibung (schwarz) sowie Informationen über Sehenswürdigkeiten entlang der Wegstrecke (blau). Am Ende jeder Tourenbeschreibung ist auf einer Karte der genaue Verlauf eingetragen. Auf Zeitangaben wurde bewusst verzichtet, da sich Fahrgeschwindigkeit und Pausen nur schwer kalkulieren lassen. Die kürzesten Touren sind 16 km lang, die längsten Touren messen 40 km.

## Praktisches Format

Das Format sowie die Spiral-Bindung gestalten dieses Buch nutzerfreundlich, es passt in alle handelsübliche Lenkertaschen, notfalls auch in die Jackentasche, wenn man bei unbeständigerem Wetter fährt. Verlag, Herausgeber und Autor wünschen allen Nutzern eine gute Fahrt sowie erlebnisreiche Touren und das Erfahren neuer Eindrücke in der größten Rheinmetropole.

## Nachtrag

Zwei der Touren im Linksrheinischen sind mit freundlicher Erlaubnis der Stadt Köln aus den Flyern der 1999 erschienenen Serie „Mit dem Fahrrad durch Köln“ entnommen. Es handelt sich um die Tour 9 durch den linksrheinischen Äußeren Grüngürtel sowie um die leicht modifizierte Tour 13 mit geändertem Titel (Steine, Trolle und viele Pferde) vom Dormagener Bayerwerk nach Worringen. Diese Flyer gibt es auf Nachfrage in allen Kölner Bezirksrathäusern sowie im Bürgerladen am Laurenzplatz in der Nähe des Standesamtes.

**Autofreie Wegführung im Grünen**

# Tipps zur Radtour

Radfahren – das ist doch einfach und kann jeder sofort, denken viele. Einfach ist radeln tatsächlich, doch das Verhalten im Straßenverkehr sowie das Radeln in Gruppen erfordert gewisse Regeln. Es nützt einem Radler auch wenig, gegenüber stärkeren Verkehrsteilnehmern auf seinem Recht zu beharren, auch gibt es Fehler, die von nahezu allen Radlern gemacht werden, ohne dass sie sich dessen bewusst sind. Daher geben wir ihnen noch einige wichtige Tipps mit auf die Reise.

## Zustand des Fahrrades

Häufig unterschätzt wird der Zustand des Fahrrades. Dabei unterliegt es ebenso wie ein Kraftfahrzeug der Straßenverkehrszulassungsordnung (StVZO). Das bedeutet, dass neben zwei unabhängig voneinander funktionierenden Bremsen eine hell tönende Fahrradklingel, Seitenreflektoren, Schutzbleche sowie auch bei Helligkeit eine funktionierende Lichtanlage am Fahrrad installiert sein muss. An Vorder- und Hinterlicht muss außerdem jeweils ein weißer (vorne) und roter (hinten) Reflektor vorhanden sein, die Pedalen benötigen gelbe Reflektoren.

Darüber hinaus sollten Kette, Rahmen und Reifenprofil in gutem Zustand sein. Dies ist zwar nicht Pflicht, jedoch ist der Tretwiderstand bei einer gut geölten Kette weitaus geringer als bei einer nicht geölten Kette. Schlecht aufgepumpte Reifen erfordern mehr Kraft beim Treten als gut aufgepumpte (bei Tourenrädern: etwa 4 atü, bei MTB's etwa 6 atü). Abgefahrene Reifen (Mäntel) bergen die Gefahr, bei nasser, glatter Fahrbahn wegzurutschen. Weitere Tipps und Infos zum Fahrrad erhält man in der Geschäftsstelle des Allgemeinen Deutschen Fahrrad-Clubs (ADFC).

**ADFC Kreisverband Köln und Umgebung e.V., Im Sionstal 8, 50674 Köln**
**Tel. 0221 / 32 39 19, Fax 0221 / 32 69 86, : info@adfc-koeln.de**
**Öffnungszeiten: Dienstag und Donnerstag von 17 bis 19 Uhr sowie jeden ersten Samstag im Monat von 10 bis 13 Uhr**

## Was nehme ich mit

Das Equipment für Radtouren hat sich in den letzten Jahren deutlich verbessert und ist heute bereits in Supermärkten zu erschwinglichen Preisen erhältlich. Es reicht von der praktischen Lenkertasche mit Klarsichthülle (für das vorliegende Buch) über Fahrradflaschen bis hin zu Satteltaschen und Anhängern. Regenkleidung für den kurzen Schauer sollte ebenso wenig fehlen wie ein kleines Erste-Hilfe-Set, ergänzt um

Jodpulver oder -spray zur Desinfizierung von Schürfwunden nach einem Sturz. Selbst wer beabsichtigt unterwegs einzukehren – ein „Nothappen" und Energiespender (Müsli-Riegel, Traubenzucker) sollte immer dabei sein, um dem Symptom des Unterzuckers (plötzlich auftretender Hunger) entgegenzuwirken.

## Regeln im Straßenverkehr

Seit September 1997 gelten vor allem für den Radverkehr neue Bestimmungen. Als eine wichtige Neuerung bleibt zu erwähnen, dass Radwege auf der linken Fahrbahnseite nur dann benutzt werden dürfen, wenn dort das entsprechende blaue Schild mit dem weißen Fahrrad in die jeweilige Richtung zeigt. Bei den einzelnen Touren wird jedoch besonders darauf hingewiesen. Ansonsten muss auf der Fahrbahn geradelt werden, auf den Bürgersteigen ist das Radeln nur dann erlaubt, wenn ein Zusatzschild („Radverkehr frei") darauf hinweist. In diesem Fall muss jedoch auf die Fußgänger besondere Rücksicht genommen werden.
Ein häufig zu beobachtender Fehler beim Queren der Fahrbahn machen Radfahrer, wenn sie die Fahrbahn auf einem Zebrastreifen überqueren wollen. Der Zebrastreifen bietet jedoch lediglich Fußgängern Vorrang (nicht Vorfahrt!), als Radfahrer muss man dem Kfz-Verkehr die Vorfahrt gewähren oder absteigen und das Fahrrad über den Zebrastreifen schieben. Auch wenn inzwischen an vielen gefährlichen Einmündungen Zebrastreifen durch Furten ersetzt worden sind, so gibt es gerade in Außenbezirken immer noch den alten Zustand, der viele Radler zu Fehlverhalten verleitet.
Ein anderer Fehler wird häufig an Ampeln gemacht: Fehlt eine Extra-Fahrrad-Signalisierung, so gilt jeweils die Ampel für den Autoverkehr, wenn kein Radweg vorhanden ist. Dagegen gilt die Ampel für Fußgänger, wenn der Radweg auf dem Bordstein liegt. Bei Fahrradstreifen auf der Fahrbahn gilt wiederum die Ampel für den Autoverkehr.

## Fahrrad und Kinder

Wenn Kinder dabei sind, diese immer vorneweg bzw. in der Mitte, jedoch niemals hinterher fahren lassen. Kinder auf Fahrradsitzen sehen und erleben mehr, wenn der Sitz zwischen Fahrer(in) und Lenker montiert ist (Schwerpunkt des Rahmenoberrohres beachten). Außerdem sieht man so eher, ob sie noch aufmerksam sind oder ob eine Pause sinnvoll ist, während sie auf dem Rücksitz oftmals einnicken und der Kopf weit hinauslehnt, ohne dass es der Fahrer / die Fahrerin merkt.

Wer sich für die Mitnahme eines Fahrradanhängers entscheidet, ist je nach Routenführung meist ein wenig eingeschränkt. Daher wird bei jeder Tour angegeben, ob die Route anhängertauglich ist. Ein großes Hindernis stellen für Anhänger die in einigen Fällen zu eng gesetzte Umlaufsperren (Drängelgitter) dar.

Bei Fahrradanhängern ist auf folgende Qualitätsmerkmale zu achten:
- stabiler Rahmen mit Überschlagschutz
- breite Gurte
- sichere Radbefestigung ( am besten: winkelbewegliche Kupplung)
- Schutz gegen das Hineingreifen in die Räder

Auf besondere Ausrüstung wie Fahrradbekleidung, atmungsaktive Regenjacken etc. kann verzichtet werden, da sich alle Touren im Nahbereich bewegen und eine Planung wie vor einer Urlaubstour unverhältnismäßig wäre.

## Anreise

Die Touren wurden so konzipiert, dass man sowohl mit dem PKW als auch mit der Bahn anreisen kann. Beide Anreisemöglichkeiten haben

**Auf die Sättel, fertig, los!**

ihre Vor- und Nachteile. Bei der Anreise im PKW muss in jedem Fall zum Ausgangspunkt zurückgeradelt werden, bei der Anreise mit der Bahn kann es Probleme bei der Mitnahme von Fahrrädern bei größeren Gruppen geben, vor allem bei der Benutzung der Straßenbahnen der Kölner Verkehrs-Betriebe (KVB).

Preise bei Anreise im Nahverkehr (Stand: Juli 2003)

| | |
|---|---|
| ➡ Einzelfahrschein des Verkehrsverbunds Rhein-Sieg (VRS) | € 2,00 |
| ➡ Fahrradkarte VRS | € 2,00 |
| ➡ Minigruppenkarte | € 7,50 |
| ➡ Streifenkarte, Zone A, pro Fahrt | € 1,70 |

Besitzer von Abos wie Job-Ticket oder 9-Uhr-Umweltkarte können ab 19 Uhr sowie an Wochenenden und Feiertagen ganztägig 1 Erwachsenen, 3 Kinder sowie 1 Fahrrad zuschlagfrei mitnehmen.

Bei der Fahrradmitnahme im PKW hat sich die Heckaufhängung (z.B. Modell von ELBE Twinny Load, Firma aus Köln) als am günstigsten erwiesen, problematisch ist dagegen das Mitführen von Fahrrädern auf dem Autodach. Bei der Anreise mit der Bahn können dagegen heute sämtliche Regionalzüge und S-Bahnen, aber auch die Straßenbahnen der KVB genutzt werden; Fahrradpiktogramme an den entsprechenden Einstiegstüren deuten auf das Fahrradabteil bzw. die Stellfläche hin. Der Nachteil hierbei ist, dass in einigen Fällen das Fahrrad umständlich die Treppen hinauf und hinab getragen werden muss. Bei der An- und Abreise wurde dieser Aspekt jedoch ebenfalls berücksichtigt und wird bei den entsprechenden Touren besonders erwähnt.

Ansonsten wünschen ihnen Verlag, Herausgeber und Autor viel Spaß beim Erkunden des „anderen“ Kölns mit dem Fahrrad.

**Köln beliebteste Ausflugsstrecke für Radler – das Rodenkirchener Rheinufer**

# *Tour 1:* Segeln und Baden am Stadtrand

**Start und Ziel:** Park & Ride-Platz an der S-Bahnhaltestelle Stammheim (S 6)
**Länge der Tour:** 25 km
**Streckenprofil:** größtenteils flach; alle Wege asphaltiert oder gut befestigte Waldwege
**Schwierigkeitsgrad:** leicht, für Kinder und Fahrradanhänger geeignet
**Sehenswürdigkeiten:** Kirche St. Mariae Geburt in Stammheim, Stammheimer Schlosspark, Großklärwerk Stammheim, Optischer Telegraf, Bongartzhof in Flittard, Japanischer Garten, Flugplatz Kurtekotten, ehem. Prämonstratenserkloster Dünnwald, Diepeschrather Mühle
**Einkehrmöglichkeiten:** Gasthof Zur Rheinterasse in Stammheim, Reiterhof an der Sportanlage von Bayer 04 Leverkusen, am Dünnwalder Waldbad, Diepeschrather Mühle
**Freizeiteinrichtungen:** Waldbad Dünnwald, Kombibad Paffrath; viele Rastplätze entlang der Route, großer Spielplatz in Nähe der Diepeschrather Mühle

## *Eine Rundtour im Nordosten*

Auf der folgenden Rundtour geht es auf größtenteils autoarmen Wegen durch die nördlichen Stadtteile auf der „Schäl Sick". Dabei streifen wir kurz die Nachbarstadt Leverkusen mit dem bis auf Kölner Gebiet hineingewachsenen Industrie-Komplex des Weltkonzerns Bayer Leverkusen.

Von der **S-Bahnhaltestelle Stammheim** kommend müssen wir zuerst die **Düsseldorfer Straße** (B 8) überqueren, um auf dem **Stammheimer Ring** in Richtung Stammheim hinein zu fahren. Hinter dem Bahngleis verlassen wir die Hauptstraße (Vorsicht beim Abbiegen!) und radeln geradeaus in die **Gisbertstraße** hinein bis zu deren Ende in Höhe der Gaststätte Zur Rheinterrasse, dort geht es rechts weiter und vorbei an der Kirche **St. Mariae Geburt.**

Der Legende nach wurde vor langer Zeit in Höhe der Kirche **St. Maria Geburt** ein Mariengnadenbild angeschwemmt. Dies wurde zunächst nach Mülheim gebracht, doch dort kippte es immer wieder um und wurde deshalb wieder den Fluten des Rheins übergeben. Es strandete in Stammheim. Seit dem 17. Jahrhundert ist Stammheim Marienwallfahrtsort.

**Schlosspark Stammheim**

St. Mariae Geburt in Stammheim

Unsere Route führt uns nun vorbei am **Stammheimer Schlosspark** und am **Klärwerk**, wo wir auf der **Egonstraße** bis zum **Optischen Telegraf** weiter fahren.

Der **Schlosspark** mit seinen schönen alten Baumbeständen lädt zu einer kurzen Rast ein. Der vom Landschaftsarchitekten Maximilian von Weyhe entworfene Park beherbergte eines der bedeutendsten barocken Schlossanlagen im Rheinland, die jedoch 1944 durch Bomben zerstört wurde.

Optisch nicht so reizvoll, dafür aber hochinteressant ist ein Besuch des **Großklärwerkes Stammheim.** Es zählt zu den bundesweit größten und modernsten Klärwerken und klärt heute 84 Prozent des Kölner Abwassers.

Ein Abstecher zum Thema Nachrichtentechnik bietet der Besuch des **Optischen Telegrafen.** Er diente in der Preußenzeit zur Übermittlung militärischer Nachrichten und war von 1832 bis 1848 in Betrieb. Es dauerte damals übrigens zwei Stunden, um eine Nachricht zwischen Berlin und Koblenz über insgesamt 61 Nachrichtenstationen zu übermitteln.

Nach diesen ersten Eindrücken führt uns die Tour in den nächsten Kölner Stadtteil, nach **Flittard**. Von der Egonstraße kommend müssen wir bis zur Straße **Am Feldrain** in Höhe der Bushaltestelle fahren und dort links abbiegen. Am Ende der Straße geht es nun rechts auf den **Flittarder Deichweg** bis zum **Paulinenhof**. Kurz danach gelangt man an den

ältesten Ortskern von Flittard, den **Bongartzhof**. Anschließend biegen wir rechts in der **Evergerstraße** ein und folgen dieser geradeaus durch die Flittarder Einkaufsmeile. Wir überqueren die Gleise der Bayer-Bahn und fahren auf der **Roggendorfer Straße** weiter bis in Höhe der Verkehrsinsel, dort folgen wir der Fahrradwegweisung und fahren links auf dem Rad-/Gehweg entlang der Schrebergärten bis zur **B 8** weiter. Nun geht es links auf dem sehr breiten Radweg entlang der B 8 bis zur Stadtgrenze.

Lohnend ist ein Abstecher nach links auf der Kaiser-Wilhelm-Allee zum **Japanischen Garten**. Auffallend ist der Kontrast des roten chinesischen Teehauses mit exotischen, zu allen Jahreszeiten blühenden Pflanzen, welche die Besucher auch im Winter anlocken. Weitere Gestaltungselemente des vom damaligen Geheimrat Dr. Carl Duisberg mit seinem Faible für Japan angelegten Garten sind Skulpturen aus Stein und Bronze sowie die vielen Wasserflächen.

Die Tour führt an dieser Kreuzung rechts über die **B 8**, wir unterqueren den **S-Bahnbahnhof Bayerwerk,** gelangen an einen Kreisel und fahren dort rechts dem Wegweiser zum Reiterhof (Paulinenhof) folgend. Nach 20 m biegen wir links in den gut befestigten Weg ein. Bereits von hier kann man bei schönem Wetter Sport- und Segelflugzeuge sehen. Nach Umfahrung der grünen Schranke geht es im spitzen Rechtswinkel

**Teil der ehemaligen preußischen Nachrichtenkette, der Optische Telgraf in Flittard**

**Ländliche Idylle in Flittard**

auf einer asphaltierten Straße vorbei am **Flugplatz- und Sportgelände Kurtekotten** des RTHC Leverkusen, danach über die Autobahn hinweg und anschließend über die Bahngleise weiter geradeaus.
Hier endet die asphaltierte Straße und geht in einen Waldweg über, der einen Rechtsknick in Höhe des Werksgeländes der Firma Dynamit Nobel AG macht. Rechter Hand liegt ein Baggerloch, das bei schönem Wetter gern als Badesee genutzt wird. Wir fahren weiter geradeaus in den Wald hinein und gelangen nach einer Weile an eine Kreuzung, auf der wir rechts in den asphaltierten **Goffineweg** einbiegen. Dieser führt in die Dünnwalder Siedlung **Am Donewald**; wir radeln weiter geradeaus auf dem **Leimbachweg**, der später einen Rechtsknick macht (**Holzweg**). An dessen Ende stehen wir vor dem Eingang des ehemaligen **Prämonstratenserklosters (Am Klosterhof**).

Das zu Beginn des 12. Jahrshunderts errichtete **Prämonstratenserkloster Dünnwald** wurde im Verlauf der Reformation und des Dreißigjährigen Krieges mehrmals geplündert, zerstört und wieder aufgebaut. 1803 erfolgte dessen Enteignung (Säkularisierung) während der Französischen Revolution. Die Hofanlage mitsamt dem Klostergebäude befindet sich heute in Privatbesitz, ist aber über einen rechts vom Hofeingang gelegenen Seiteneingang zugänglich.

Unsere Route führt uns nun links auf die stark befahrene **Prämonstratenserstraße**, die wir jedoch nach wenigen Metern rechts abbiegend verlassen (**Am Klosterhof**). Anschließend müssen wir links über die Gleise der Güterzugstrecke Troisdorf – Köln – Duisburg, geradeaus über die **Berliner Straße** und weiter halblinks auf dem Radweg der **Leuchterstraße** in Richtung Altenberg weiter radeln.

Der Radweg endet in Höhe einer Verkehrsinsel (Bachüberquerung). Auf der Fahrbahn geht es nun weiter über eine Kreuzung geradeaus bis zur Busendhaltestelle, dort über die Endhaltestelle geradeaus in den Wald hinein um eine Schranke herum in Richtung Paffrath.

Wer eine Pause machen möchte: rechts geht es zum Gasthof des **Dünnwalder Waldbades.**

Das seit 1925 in Eigenregie betriebene **Dünnwalder Waldbad** gilt in Köln als Geheimtipp. In sehr schöner Lage am Waldrand bietet dieses Bad vor allem den kleinen Gästen mit Extra-Planschbecken sowie mit einer 50 m langen Rutschbahn Badespaß pur. Nebenan befinden sich eine Minigolf-Anlage, ein Camping-Platz, ein Wildgehege sowie der oben erwähnte Gasthof mit Biergarten.

Nach einer Weile überqueren wir eine asphaltierte Straße und fahren der Radwegweisung folgend weiter in Richtung Paffrath. Am Ende des Waldweges (Linksknick) erreichen wir die Nachbarstadt Bergisch Gladbach, es geht auf einer asphaltierten Straße in den Ortsteil **Paffrath**. Bereits hier kann man bei schönem Wetter den Lärm der Badegäste des **Kombibads Paffrath** vernehmen. An der Minigolfanlage vorbei, fahren wir links und wieder rechts auf den Parkplatz um das Bad herum. Über den Parkplatz hinaus verläuft die Route nun auf den Rad-/Gehweg der Wegweisung Bensberg / Refrath folgend durch ein Erholungsgebiet, das sich zu einer Rast anbietet. Der Weg endet im Wendehammer der **Mühlenstraße**, die uns ein Stück bergauf bis zum **Diepeschrather Weg** führt. Dort fahren wir rechts und wieder leicht bergab über die Stadtgrenze zurück nach Köln in den Thurner Wald bis zur **Diepeschrather Mühle**.

➡ *Hier Anschlussmöglichkeit zur Tour 6 (Seite 66 ff)*

**Häufig in Köln zu sehen – Kulturlehrpfade**

Die **Diepeschrather Mühle** ist ein sehr beliebtes Ausflugslokal. Dass diese Mühle kein Geheimtipp mehr ist, bezeugen die zahlreichen am Waldrand abgestellten Autos. Die Tour geht nun rechts dem Wanderwegzeichen (Rechtspfeil) folgend weiter an der alten Mühle vorbei; hierbei ist ein kurzes schlechtes Wegstück in Kauf zu nehmen. Die Mühle weist noch ein unterschlächtiges Mühlenrad auf, das manchmal sogar noch in Betrieb ist. Weiter geht es den Weg entlang der Pferdekoppeln; später überqueren wir die **Katterbacher Straße** und fahren geradeaus auf dem Waldweg weiter. Die Route führt uns vorbei am Waldbad, und wenig später erreichen wir eine Erholungsanlage mit Liegewiesen und Rastbänken, die zu einer Pause einladen.

Anschließend muss man den **Kalkweg** sehr vorsichtig an einer unübersichtlichen Kurve überqueren; danach radeln wir weiter geradeaus am Höhenfelder See entlang, wo sich bei schönem Wetter viele Badende im See tummeln.

Etwa 400 m nach der Überquerung der Straße müssen wir rechts auf einen schmalen Waldweg einbiegen. Der dortige Wegweiser ist leider nur schwer zu erkennen, zu viel Moos verdeckt die helle Schildfläche. Danach geht es um eine Schranke herum und weiter über den **Mauspfad**, der mit Vorsicht überquert werden muss. Geradeaus durch den Wald führt uns der Weg bis zur Gesamtschule Höhenhaus, dort biegen wir links in die Straße **Im Weidenbruch** ein. Hinter der Rechtskurve beginnt ein Radweg, auf dem wir nun weiterfahren. Nachdem wir die Honschaftsstraße überquert haben, geht es unter die Eisenbahnunterführung, dahinter sofort rechts die Rampe herauf, wieder links und danach sofort rechts in den **Fixheider Weg** hinein.

Der hiesige Teil von Höhenhaus ist durch rege Neubautätigkeit gekennzeichnet; hier wurden vor wenigen Jahren ganze Häuserblocks abgerissen und wenige Meter weiter westlich wieder neu aufgebaut.

Wir überqueren nun die Berliner Straße an einer Ampel und fahren weiter geradeaus auf dem **Flachsrosterweg**, der wenig später die Bahnlinie Köln – Wuppertal kreuzt, anschließend folgen wir links der Wegweisung Mülheimer Friedhof und radeln weiter über die Autobahn geradeaus in die **Bruder Klaus-Siedlung**. Dort am Kreisel führt uns die Route geradeaus weiter in die Sackgasse, die für den Radverkehr durchlässig ist. Anschließend fahren wir rechts auf dem **Luzerner Weg** und dem **Haslacher Weg** vorbei am Schulgebäude bis zum Kreisel an der Bushaltestelle am Friedhof, dort rechts auf den Radweg entlang des **Höhenhauser Rings**; nach 400 m biegen wir links auf den Park & Ride-Platz der **S-Bahnhaltestelle Stammheim** ein, wo unsere Tour endet.

➡ *Hier Anschlussmöglichkeit zur Tour 6 (Seite 66 ff)*

Tour 1
Carl-Duisberg-Park
Dünnwalder Wald
Flittard
Dünnwald
Start/Ziel
Stammheim
Höhenhaus
Höhenfelder See
N
1 km

# Tour 2: Bachgrafen und Bachlandschaften

**Start und Ziel:** Mülheim, Wiener Platz
**Parken:** Parkplatz vor dem Stadthaus oder im Parkhaus im Gebäude der Mülheimer Galerie
Bei Anreise per Straßenbahn (Linien 4, 13, 15 und 16) bis Wiener Platz bzw. vom Bahnhof in Köln-Mülheim mit den S-Bahnlinien S 6 und S 11 sowie mehreren Regionalbahn-Linien.
**Länge der Tour:** 21 km (20 km ab / bis Bf. Köln-Mülheim)
**Streckenprofil:** flach, keine nennenswerten Steigungen
**Charakteristik:** asphaltierte Straßen und Wege, mit einigen Abschnitten durch Wälder auf gut befestigten Wegen
**Schwierigkeitsgrad:** leicht, auch für Kinder sowie für Fahrradanhänger geeignet
**Sehenswürdigkeiten:** Haus Isenburg, Iddelsfelder Mühle, Straßenbahnmuseum in Thielenbruch, ehem. Zollhaus in Strunden, Flehbach-Aue, St. Gereon in Merheim
**Einkehrmöglichkeiten:** Em Schavu in Dellbrück, Schmieders Gasthaus in Thielenbruch

## Entlang der Strunde und des Flehbachs

Diese Route führt entlang zweier Bäche, die beide aus dem Bergischen kommen, dabei aber zwei sehr unterschiedliche Gegenden durchfließen. War die Strunde noch im Mittelalter einer der meist genutzten Bäche – hier sind allein weit über 40 Mühlen nachgewiesen – und zog somit in den folgenden Jahrhunderten eine dichte Besiedlung nach sich, so fließt der Flehbach durch eher unbewohntes, von Auenwäldern geprägtes Gebiet.

Die Tour beginnt im Zentrum Mülheims, am **Wiener Platz**. Von dort fahren wir, die Mülheimer Brücke im Rücken, schräg rechts in die **Jan-Wellem-Straße** hinein und diese immer geradeaus. Nachdem wir die **Graf-Adolf-Straße** überquert haben, radeln wir weiter durch die **Sonderburger Straße**. Wer die Tour am Bahnhof Köln-Mülheim beginnt, kommt durch die Vincenzstraße und fährt dann links durch die Unterführung. Hinter der Eisenbahnunterführung geht es rechts und über die **Frankfurter Straße** geradeaus weiter. Am Ende der **Arnsberger Straße** verläuft die Route nun links auf einem Rad-/Gehweg, wir bleiben auf diesem Radweg, der immer geradeaus parallel der Bahnlinie verläuft. Hier befinden wir uns auf der ersten rechtsrheinischen Kölner Velo-

**Romanische Kirche St. Gereon in Merheim**

**Enten queren den Weg**

route, die mittelfristig für den Radverkehr ausgeschildert werden soll und bis nach Bergisch Gladbach führt.

An der Haltestelle **Wichheimer Straße** müssen wir die Gleise überqueren und auf der rechten Seite parallel zur Straßenbahn bis Holweide über eine Engstelle auf der Überführung der Autobahn weiter radeln. Der Radweg endet an der **Chemnitzer Straße**; auf dieser fahren wir nun weiter geradeaus und biegen in Höhe der **Vischeringstraße** halblinks in die nun geöffnete Einbahnstraße ein und überqueren die **Johann-Bensberg- Straße**. Wer hier schon eine Rast einlegen will, der besuche das **Haus Isenburg**, aber Vorsicht: die Preise sind nichts für den kleinen Geldbeutel! Ansonsten radeln wir geradeaus weiter, rechts von uns liegt der **Strunder Bach**, wir gelangen nun in den ehemaligen Ortsteil **Schweinheim**, wo wir durch eine für den Radverkehr geöffnete Sperre hindurch an einer alten Baumwollbleicherei vorbei in die **Iddelsfelder Straße** hinein weiter fahren.

Die 1364 erstmals erwähnte Anlage von **Haus Isenburg**, die von einem mehrteiligen Wassergrabensystem umgeben ist, ist heute im Besitz eines Architekten. Auffallend ist die geschieferte, birnenförmige Dachhaube des Wehrturms. Heute ist in einem Teil der ehemaligen Stallungen besagtes Edel-Restaurant untergebracht.

Ganz in der Nähe in Höhe der Neufelder Straße befindet sich der **Iddelsfelder Hof** aus dem 18. Jahrhundert, der auf den Resten einer ehemaligen Burg errichtet wurde und als Sitz der damaligen „Bachgreven“

diente, die für die kontrollierte Nutzung der Bäche zuständig waren. Von der Route aus zu sehen ist das heute immer noch funktionierende Kornmühlrad der **Iddelsfelder Mühle**.

Die mit ca. 20 km recht kleine **Strunde** diente in dieser Gegend als Energielieferant von weit über 40 Mühlen – und das trotz ihres niedrigen Gefälles. Schlammablagerungen legten somit vor allem die Mühlen im Unterlauf lahm, Hochwasser sowie die schon damals starke Verschmutzung der Strunde führten zu schlammartigen Ablagerungen auf den Weiden der damaligen Bürgermeisterei Merheim. Dies hatte etliche Prozesse und Schadensersatzklagen zur Folge – die damaligen Bachgreven hatten eine sehr verantwortungsvolle Funktion, da sie alle Interessen berücksichtigen und regeln mussten.

Die künftige Veloroute verläuft nach Überquerung der **Neufelder Straße** und des **Mauspfads** weiter durch eine für den Radverkehr geöffnete Sackgasse bis zum **Grafenmühlenweg**. Diesen überqueren wir, wobei wir uns rechts halten, und nach 20 m fahren wir links an der Ulme in den kleinen Weg durch die Schrebergartenanlage hindurch (**Im Wieschen**) hinein. Vor uns sehen wir die markante Kirche von **Dellbrück**, St. Josef, auf die wir nun zufahren. Hier bieten sich viele Einkehrmöglichkeiten entlang der Dellbrücker Hauptstraße sowie direkt an der Route der Biergarten Em Schavu.

**Industriedenkmal in Holweide – Schornstein der ehemaligen Baumwollbleicherei**

**Altes Bahnhofsgebäude in Holweide**

Die **Dellbrücker Hauptstraße** müssen wir nun überqueren und dann ein Stück links und sofort wieder rechts auf der **Thurner Straße** bis zur nächsten Kreuzung weiter fahren, dort biegen wir links in die **Gemarkenstraße** ein. An der Endhaltestelle der Straßenbahnlinie in Thielenbruch befindet sich mitten im alten Bahndepot der Gasthof Schmieder sowie ein **Straßenbahnmuseum**.

In diesem 1906 fertig gestellten Betriebsbahnhof, der heute zu den denkmalgeschützten historischen Anlagen zählt, liegt in der ehemaligen Wagenhalle das 1997 eingerichtete Straßenbahnmuseum. Einige der Hauptattraktionen sind die Pferdebahn aus dem Jahr 1894, die „1. Elektrische“ aus dem Jahr 1902, das „Finchen“, der „Sputnik“ und der Sambawagen.

Nach der Rast im Biergarten bzw. nach dem Museumsbesuch fahren wir wieder auf die **Gemarkenstraße** und biegen hinter der Kurve links über die Brücke in den Wald ein, danach sofort wieder rechts, wobei wir dem **Wanderwegezeichen N** folgen; nach ca. 300 m führt die Route rechts über eine Holzbrücke nach **Strunden.**

Die **Gierather Straße** (dort finden sich mehrere Einkehrmöglichkeiten ein Stück rechts die Straße herunter: Em Höttche sowie Gaststätte Strunden) passieren wir in Höhe des **Penningsfelder Weges** und radeln weiter bis zum **Bensberger Marktweg**. Dort biegen wir links ab und nach 100 m folgen wir rechts der Radwegweisung auf den Radweg nach Refrath. Wir sind nun im Bergisch Gladbacher Ortsteil Refrath, wo wir weiter auf dem nun linksseitigen Rad-/Gehweg entlang der Straße **Beningsfeld** radeln. In Höhe der Verkehrsinsel geht es rechts in den **Rinderweg** hinein und weiter durch die **Schluchter Heide**. Im Wald angekommen, folgen wir immer der Wegweisung. Nach der Bachüberquerung geht es weiter um eine Schranke herum und an der nächsten Kreuzung rechts. Nach etwa 300 m fahren wir halblinks entlang des Waldorf Kindergartens weiter, dahinter in eine Linkskurve am Kriegerdenkmal vorbei, über den **Mauspfad** hinüber und weiter in Richtung Merheim. Anschließend führt die Route links unter der Autobahn hindurch und an der nächsten Gabelung fahren wir rechts in die **Flehbachaue**.

Die heute leider stark vom Lärm der Autobahn beeinträchtigte **Flehbach-Aue** ist Teil eines ehemaligen Rheinarmes. Obwohl die auf der heutigen Niederterrasse liegenden Altarme des Rheins zumeist ausgetrocknet oder von Zuflüssen abgeschnitten sind, stellt das Bruchgebiet um Merheim eine nachträgliche Vernässung der alten Stromrinne dar, wobei das Wasser aus den höher gelegenen Bereichen der Mittelterrasse kommt. Auch botanisch nicht vorbelastete Radler und Naturliebhaber beeindruckt vor allem der Frühling mit seinen zahlreichen Weidenbeständen sowie das Schimmern der Silber-Pappeln im Sommer.

Der Weg biegt nach links ab und unter einigen Betonpfeilern fahren wir rechts auf die **Broichstraße** zu. Hier kurz vor Erreichen der Broichstraße unterhalb der Betonträger befindet sich eine Geländeerhebung, die ehemalige **Merheimer Fliehburg**, deren Ursprünge bis in die Frankenzeit zurück reichen. Nach 300 m biegen wir links ab (**Von-Eltz-Platz**) und radeln vorbei an der Romanischen Kirche **St. Gereon**. Hier auf diesem idyllischen Fleckchen inmitten eines baumbestandenen Angers und Friedhofes lohnt sich eine kurze Rast. Am Wegende biegen wir dann links auf die **Ostmerheimer Straße** ein.

➡ *Hier Anschlussmöglichkeit zur Tour 4 (Seite 44 ff)*

**Traditionsreiches Fachwerkhaus „Em ahle Kohberg" in Merheim**

„Mer" ist die ehemalige Bezeichnung für das ausgedehnte Sumpfgelände, in dem auf einer kleinen Anhöhe um 1000 die erste Besiedelung erfolgte. Etwa 200 m rechts liegt im alten Ortskern von Merheim ein auffallend herausgeputztes Fachwerkhaus **Em ahle Kohberg** (das Gebäude wurde 1665 gebaut) mit einem Bildstock von 1764. Hier wird die konfessionelle Toleranz der damaligen Zeit dokumentiert – ein katholischer und ein protestantischer Geistlicher stehen einträchtig vor einem Abendmahlskelch.

Die **Ostmerheimer Straße** müssen wir auf der Verkehrsinsel überqueren und folgen dem weiteren Verlauf der Vorfahrtsstraße nach rechts. Anschließend radeln wir weiter geradeaus über den **Kratzweg** bis zur Schallschutzmauer der Autobahn, dort biegen wir links ab, dann vor der Straßenbahnhaltestelle **Kalker Friedhof** rechts und passieren über eine enge Überführung die Autobahn; wir erreichen nun die **Merheimer Heide**.

Die vom Autobahnkreuz (Köln-Ost) durchzogene **Merheimer Heide** hat in einigen Teilen Reste von naturnahen Landschaftsteilen behalten können. Großzügige Wiesen laden zu Rast und Spiel ein.

An der ersten Wegekreuzung fahren wir im spitzen Winkel rechts weiter bis zum Pilzunterstand, dort folgen wir halblinks der Radwegweisung in Richtung Buchheim. Der Weg macht danach wieder einen Linksknick, anschließend geht es rechts auf die Überführung der Autobahn. Wir radeln weiter geradeaus bis zur Höhe der **Herler Mühle** (siehe Tour 4) am **Schlagbaumsweg**, dort fahren wir links über die Ampel auf den **Herler Ring**, diesen radeln wir der Wegweisung folgend ein Stück zurück, danach biegen wir rechts in den Weg ein, der uns nach **Buchheim** führt.

Wir folgen nun der Radwegweisung in Buchheim und fahren durch das Drängelgitter der Straßenbahn. Wer mit einem Fahrradanhänger unterwegs ist, fährt geradeaus weiter und wenig später rechts um die Straßenbahnhaltestelle herum. Ansonsten kurz hinter dem Drängelgitter nach rechts, dann geht es sofort links in den Wendehammer der **Arnsberger Straße** hinein; wir befinden uns nun wieder auf der Route, auf der wir vom Wiener Platz aus gekommen sind.

Nun folgen wir der Radwegweisung, überqueren die **Frankfurter Straße,** unterqueren die Eisenbahn beim Mülheimer Bahnhof (wer vom Bahnhof Köln-Mülheim gekommen ist, fährt nun rechts durch die Vincenzstraße zum Bahnhof Köln-Mülheim) und gelangen nach ca. 1 km zum Ausgangspunkt unserer Tour, dem **Wiener Platz** in Mülheim.

➡ *Hier Anschlussmöglichkeit zur Tour 4 (Seite 44 ff)*

Tour 2
MÜLHEIM
Start / Ziel
Buchheim
Holweide
Dellbrück
Thielenbruch
Penningsfeld
Merheim
Merheimer Heide
Höhenberg
Ostfriedhof
Bergisch Gladbacher Str.
Olpener Str.
506
A3
K17
L13
1 km
N

# *Tour 3:* ProPorz – Rund um Porz



**Start und Ziel:** Park & Ride-Platz an der Straßenbahn-Endhaltestelle Zündorf (Linie 7)

**Länge der Tour:** 21 km

**Streckenprofil:** flach; alle Wege größtenteils asphaltiert

**Schwierigkeitsgrad:** leicht, auch für Kinder und Fahrradanhänger geeignet

**Sehenswürdigkeiten:** Kirche St. Margaretha in Libur, Wegkreuze in Libur und in Kriegsdorf, Freizeitanlage Haus Rott

**Einkehrmöglichkeiten:** Wirtshaus Helfer in Libur, Haus Rott in Spich, in Zündorf

**Freizeiteinrichtungen:** Freizeitanlage Haus Rott mit großem Spielplatz und Liegewiesen, Rotter See (Badesee)

## *Durch die Felder nach Spich*

Geprägt ist diese vor allem für Kinder geeignete Rundtour von Landwirtschaft, freier Sicht auf das Siebengebirge, einem modernen Golfplatz sowie vielen Wegkreuzen aus Basaltvulkan. Feldhecken mit Fasanen und Einzelbäume fallen in dieser ansonsten eher kargen Landschaft auf und dienen der Orientierung.

Das 1975 zu Köln eingemeindete **Porz am Rhein** führt im Schatten von Köln sein eigenes Dasein; man hat als Porzer bis heute die Zwangsehe mit Köln nicht so recht verwunden. Zählte Porz noch zu Beginn des 19. Jahrhunderts ganze 170 Seelen, so wuchs die Bevölkerung bis 1951 mit dem Zuzug von Nachkriegsflüchtlingen auf 30.000 Einwohner in 14 Ortsteilen an; es erhielt eigene Stadtrechte. Während die nördlichen Ortsteile und das Porzer Zentrum dicht besiedelt sind, blieb der **Süden von Porz** bis heute ländlich geprägt.
Auffallend auf unserer Tour sind die Hinweisschilder mit der Aufschrift „Drüber und Drunter“. Dahinter steht der **Arbeitskreis Ackerbau und Wasser**, dessen Mitglieder auf die genaue Zufuhr von Düngemitteln achten. Zusammen mit der Rechtsrheinischen Gas- und Wasserversor-

**Gänse marsch!**

gung (RGW) konnten die 1986 gesetzlich herabgesetzten Nitrat-Höchstwerte unterboten werden. Denn diese wurden durch die intensive Stickstoff-Düngung jahrelang deutlich überschritten.

**Zeuge der Gründerzeit – Backsteinbau in Libur**

Vom Startpunkt der Endhaltestelle der Straßenbahn in **Zündorf** müssen wir die **Wahner Straße** an der Ampel überqueren, anschließend geht es geradeaus in den **Gartenweg** weiter. An dessen Ende biegen wir links ab und fahren weiter geradeaus der Radwegweisung folgend in Richtung Libur. Nachdem wir den stark befahrenen **Liburer Weg** überquert haben, erreichen wir Kölns südlichsten Ortsteil, **Libur** mit seiner markanten Kirche **St. Margaretha**. Hier befindet sich auch das Wirtshaus Helfer, für alle die noch schnell ihren Durst löschen möchten.

Die der heiligen **Margaretha** geweihte Kapelle wurde 1582 erstmals erwähnt. Die Kirche, eine Backsteinbasilikata mit fünfseitigem Chor, geht auf eine Stiftung wohlhabender Bauern und des damaligen Pfarrers Huthmacher zurück; sie wurde 1911 fertiggestellt.

Kurz vor Ortsende biegen wir der Wegweisung folgend links ab (**Freiheit**), anschließend an der Friedhofskapelle sofort wieder rechts. Hier fehlt leider die entsprechende Fahrradwegweisung!

Wir stoßen hier auf den Kulturpfad Porz, der Erläuterungen zu der Funktion der längs des Weges häufig anzutreffenden Wegkreuze gibt.

Die erste urkundliche Erwähnung des heute südlichsten Kölner Stadtteiles stammt aus dem Jahr 1165. 1489 wurde **Libur** selbständige Pfarrei. Der Ortsname „Libur" stammt vom altdeutschen Begriff „Lebure" und bedeutet Haus am Grabhügel. Vor ca. 150 Jahren zählte Libur etwa 250 Seelen, heute kann man das Ergebnis der so genannten „rheinischen Fruchtfolge" sehen: Nach Ackerbau (Gerste, Rüben) und Brachland wurde Wohnland ausgewiesen; die meisten Liburer führen heute ein Pendler-Dasein. Zum Einkaufen und zur Schule muss man nach Wahn, da eine entsprechende Infrastruktur vor Ort fehlt.

In dem Ort, der durch seine denkmalgeschützten Backsteinhöfe geprägt wird, haben sich viele ruhesuchende Kölner und Porzer niedergelassen. Ein weiteres Indiz für Ruhe und Beschaulichkeit im äußersten Süden Kölns ist die vor wenigen Jahren neu angelegte Golf-Anlage im Norden des Ortes.

Im rechtsrheinischen Rheinland finden sich viele Wegkreuze aus Vulkangestein, welche jedoch durch die zunehmende Kohlendioxid-Belastung der Luft starke Verwitterungserscheinungen aufweisen. Die Bedeutung der **Wegkreuze** war recht vielfältig. Oft dienten sie zur Heiligenverehrung, doch hatten sie durchaus andere Funktionen wie die Markierung einer Gemeindegrenze oder einer Flur, oder sie dienten als Treffpunkt der Pilger.

**St. Margaretha, beschaulicher Ortsmittelpunkt in Libur**

**Das Grautier genießt die Ruhe im Linder Bruch**

Der weitere Streckenverlauf über **Stockem** bis kurz vor **Kriegsdorf** ist leicht zu finden, da im benachbarten Rhein-Sieg-Kreis die Stadt Niederkassel vor einiger Zeit eine Fahrradwegweisung nach niederländischem Vorbild installiert hat. In Höhe des dortigen Wegkreuzes unter den drei Linden bzw. am Stromhäuschen kurz vor Kriegsdorf halten wir uns links, an der folgenden Gabelung fahren wir dann halblinks in Richtung Sieglar. Die Fahrradwegweisung an der nächsten Gabelung führt uns rechts in Richtung Haus Rott.

Geprägt ist der Abschnitt zwischen Zündorf und Spich durch eine **Agrarlandschaft**, in der sich einige wenige Naturdenkmale in Form von Einzelbäumen bzw. Baumgruppen mit Wegkreuzen sowie einige wenige Feldhecken behaupten konnten. Gerade Feldhecken dienen in ausgeräumten Landschaften als Rückzugsgebiete für Tiere wie z.B. Fasane und Feldmäuse sowie Insekten.

Wir überqueren die Hauptstraße (**Kriegsdorfer Straße**) und fahren weiter bis zum Rotter See, vor Erreichen der Siedlung biegen wir links ab, umfahren anschließend die Schranke und überqueren die **Uckerather Straße**; man gelangt nun auf das **Freizeitgelände Haus Rott**.

Die ursprüngliche Besiedlung von **Haus Rott** durch die Merowinger geht bis ins 7. Jahrhundert zurück. Steinzeitfunde, ein großes fränkisches Gräberfeld sowie mittelalterliche Befestigungsanlagen legen Zeugnis einer langen Besiedlung ab.

Hinter der Liegewiese in Höhe des aus Steinen gebauten Spielplatzes mit den Rutschbahnen geht die Route rechts weiter; der Weg schwenkt wenig später nach links und führt über die Autobahn.

Nach Überqueren der Autobahn umfahren wir das Gewerbegebäude links, wobei wir der Troisdorfer Wegweisung für Inline-Skater folgen, bis wir die **Bonner Straße** erreichen. Dort biegen wir links ab und fahren auf dem linksseitigen Radweg weiter und unter die Bahnunterführung hin-

durch. Dabei müssen wir aufpassen, da der Radweg hinter der Unterführung endet! Hier biegen wir links in die **Adenauerstraße** ein und folgen wenig später der Radwegweisung auf dem Radweg, der einen Rechtsbogen macht bis zur **Hauptstraße** (B 8), diese überqueren wir und radeln weiter, wobei wir der Radwegweisung in Richtung Lind folgen.

Der Radweg führt durch ein ruhiges Wohngebiet von **Spich** vorbei am Burgpark und nach Unterquerung der Straßenunterführung parallel zum **Mauspfad**. Mit Erreichen der Kölner Stadtgrenze in **Lind** in Höhe des Bauhofes David überqueren wir links den Mauspfad, fahren in den **Torfweg** hinein und halten uns an der nächsten Gabelung rechts; die Route verläuft nun entlang des **Linder Bruchs**.

Ähnlich wie beim Merheimer Bruch ist das **Linder Bruch** ein ehemaliger verlandeter, später ausgetrockneter Altarm des Rheines, der erst in späterer Zeit von kleinen Bächen bzw. von Grundwasser aus der höher gelegenen Mittelterrasse der Wahner Heide gespeist wurde. Typische Pflanzen wie Wolfstrapp, Igelkolben, Hohlzahn und Knöterich-Arten konnten sich hier ausbreiten. Dieser spätere Versumpfungs-Prozess begann vor ca. 2.500 Jahren nach einem Klimasturz.

Die Route verläuft weiter entlang des kleinen Wäldchens durch das Linder Bruch bis zum bebauten Ortsteil von Lind, dort biegen wir links in die Straße **Viehtrift** ein. Diese Straße macht wenig später einen Links-

**Kinderspaß pur – Freizeitanlage mit Spielplatz bei Haus Rott**

**Landschafts-element im Kölner Süden – Wegkreuz unter Kastanien**

Rechts-Knick und heißt nun **Am Linder Kreuz**. Weiter geht es unter der Autobahn hindurch; wir überqueren wenig später die **Frankfurter Straße** (B 8) und radeln geradeaus der Radwegweisung nach Libur folgend. Nach dem Passieren der Bahnunterführung geht es anschließend geradeaus weiter, in den nächsten Weg biegen wir in Höhe des grünen Stromhäuschens rechts ein; nach ca. 1 km überqueren wir die Liburer Straße (K 24) und fahren weiter geradeaus die **Houdainer Straße** entlang nach **Zündorf**. Nachdem wir die Straße **Am Stumpfen Kreuz** überquert haben und rechts in den **Gartenweg** in Höhe der Treibhäuser eingebogen sind, radeln wir nun auf unseren Ausgangspunkt, der Endhaltestelle der Straßenbahn zu, wo unsere Tour endet.

➡ *Hier Anschlussmöglichkeit zur Tour 7 (Seite 78 ff)*

Abendstimmung
im Porzer Süden

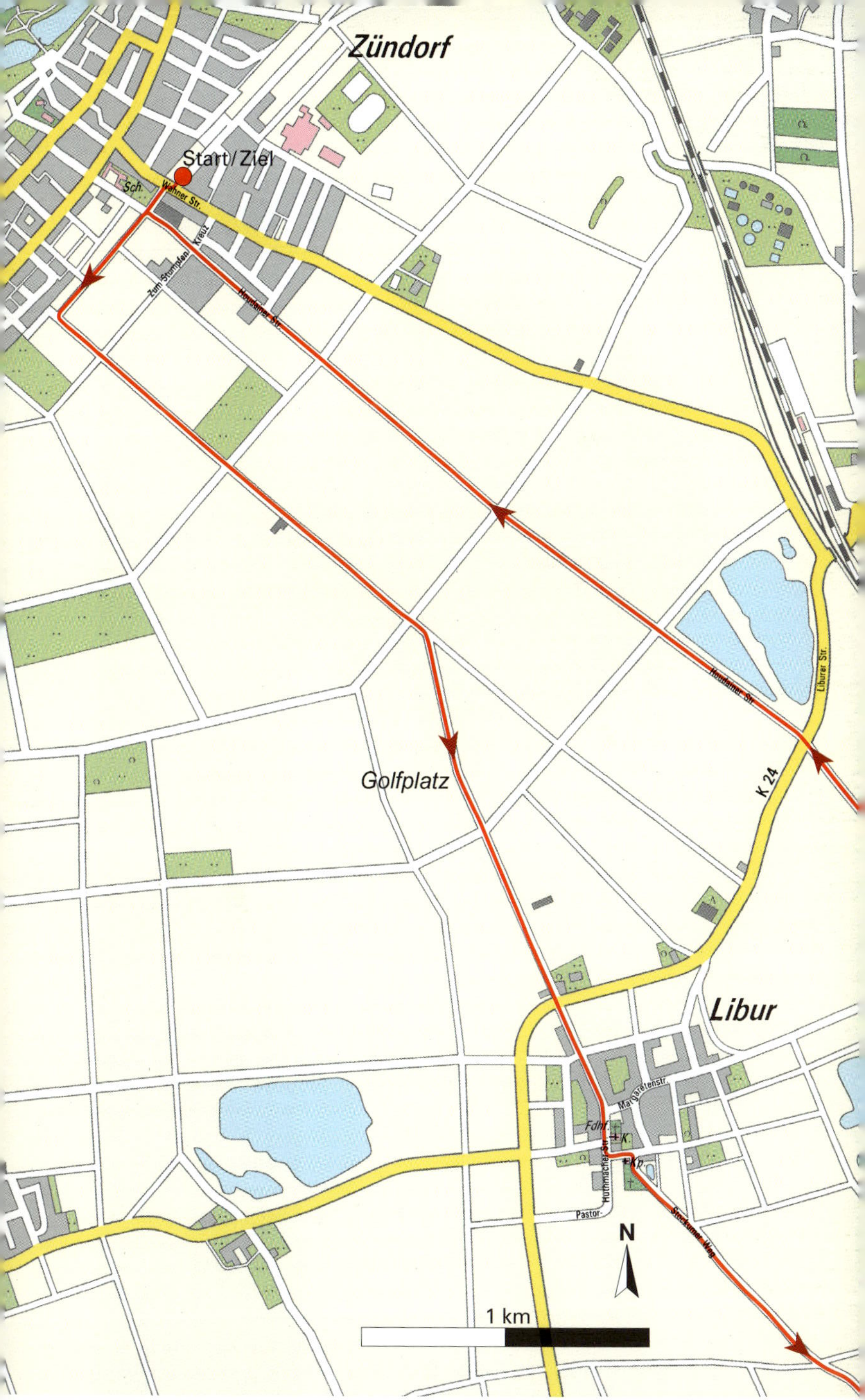
Zündorf
Start/Ziel
Sch.
Wahner Str.
Kreuz
Zum Stumpfen
Houdainer Str.
Golfplatz
Liburer Str.
K 24
Libur
Margaretenstr.
Fdhf.
K.
Kp.
Huthmacher Str.
Pastor-
Stockumer Weg
N
1 km

N
1 km
TROISDORF
Spich
Lind
Kriegsdorf
Stockem
Linder Mauspfad
Bonner Str.
Haus Broich
Haus Rott
Burgstr.
Brückenstr.
1 Grafenhardt
2 Franz-Bergen-Str.
Hp. Troisdorf Spich
Hauptstr.
Frankfurter Str.
Gewerbegebiet
Köln-Porz-Lind
Troisdorfer Str.
A59
K 29
8
Stockemer Str.
Im Stockemer Feld

# *Tour 4:* Von Bauern, Rittern und Grafen



**Start:** Bahnhof Köln-Mülheim (S 6, S 11, Straßenbahn-Linien 13, 15 und 16)
**Ziel:** S-Bahnbahnhof Porz-Wahn (S 12, RegionalExpress)
**Länge der Tour:** 22 km
**Streckenprofil:** flach; alle Wege asphaltiert und größtenteils autofrei / autoarme Wegführung

**Schwierigkeitsgrad:** leicht, für Kinder und Fahrradanhänger geeignet

**Sehenswürdigkeiten:** Haus Herl, Herler Mühle, Haus Schlagbaum, St. Gereon in Merheim, Burg Rath, Schloss Röttgen, Gut Leidenhausen, Bergerhof in Elsdorf, Burg Wahn

**Einkehrmöglichkeiten:** Kartoffelhaus Anno Pomm in Rath

**Freizeiteinrichtungen:** Waldmuseum, Obstmuseum und Informationszentrum Gut Leidenhausen, Greifvogelschutzstation

## *Burgen im rechtsrheinischen Köln*

Nur wenigen Kölnern ist bekannt, dass es auf ihrem Stadtgebiet etwa 30 Burgen und Schlösser gibt. Im rechtsrheinischen Köln lässt sich ein Teil dieser Burganlagen zumindest von außen noch gut erkennen, zum Teil kann man auch auf die Innenhöfe gelangen.
Die folgende Tour ist eine Streckentour, daher empfiehlt sich die Anreise mit der Bahn. Ausgangspunkt ist der **Bahnhof Köln-Mülheim**, der sehr gut mit dem Schienennahverkehr erreichbar ist.

Hier im einwohnermäßig größten Stadtbezirk Kölns herrschte einst das Geschlecht der Grafen von Berg. 1714 ließen sich hier neun protestantische Kaufleute nieder, da sie im katholischen Linksrheinischen nicht wohl gelitten waren. Der bekannteste unter ihnen war der Kaufmann Andreae, nach dem heute eine Straße sowie ein neues Wohnbaugebiet benannt sind.
Vom Bahnhofsvorplatz aus fahren wir zuerst links auf die **Montanusstraße**, anschließend überqueren wir die **Frankfurter Straße**, danach verläuft die Tour weiter durch die **Vincenzstraße**, etwas später radeln wir links unter der Bahnunterführung hindurch. Der Weg knickt hinter

**Nur eine von vielen Burgen – Innenhof von Gut Leidenhausen**

**Ältester Rittersitz in Köln – Haus Herl**

der Unterführung rechts ab; später muss die **Frankfurter Straße** nochmals überquert werden, bevor es weiter der Radwegweisung folgend am Ende der **Arnsberger Straße** links auf der künftigen Veloroute Köln – Bergisch Gladbach nun gemächlicher weiter geht.

An der **Haltestelle Herler Straße** überqueren wir rechts die Gleise und fahren entlang des **Schützengildeweg** an einem Wein-Depot vorbei bis zum **Haus Herl.**

Der einstige **Wehrcharakter der Burgen**, der vor allem an den alten Wassergräben gut zu erkennen ist, wurde ab dem 16. Jahrhundert allmählich von der Funktionsweise der Burgen als Bauernhof oder Gutshof abgelöst. Denn während im linksrheinischen Köln im Schutze der damaligen Stadtmauer der Handel und das Gewerbe durch die dortige Bevölkerung betrieben wurde, boten rechtsrheinisch die bäuerlichen Hofanlagen vor allem im Flachland der mittelalterlichen Bevölkerung Schutz sowie gute Lebensbedingungen. Heute sind alle Burgen in Privatbesitz und nicht ohne weiteres frei zugänglich. Einmal im Jahr jedoch öffnen zum Tag des Denkmals einige private Burgherren ihre Tore für die Öffentlichkeit. Das Programm wird in der Presse rechtzeitig bekannt gegeben.

In der Nähe des stark befahrenen Buchheimer Rings liegt Kölns ältester Rittersitz, die aus dem 9. Jahrhundert stammende Wasserburg **Herl**. Beeindruckend ist vor allem das ca. 300 Jahre alte Walmdach. Eine

Hinweistafel des Kulturpfades Strunder Bach gibt nähere Informationen. Unmittelbar in der Nähe auf der gegenüberliegenden Straßenseite passieren wir bei der Weiterfahrt die **Herler Mühle**, die zur Zeit recht aufwändig umgebaut wird. Als eine der insgesamt 48 Mühlen entlang des Strunder Baches diente sie lange Zeit als Öl- und Mahlmühle.

Anschließend überqueren wir an der Ampel den **Buchheimer Ring** und fahren rechts auf den Radweg, danach biegen wir sofort links in Höhe der Herler Mühle in den **Schlagbaumsweg** ein, überqueren die Autobahn und rollen bzw. schieben das Fahrrad anschließend rechts die Rampe hinunter. Dabei muss beim Überqueren der Fahrbahn aufgepasst werden, da die Straße eine unübersichtliche Kurve aufweist! Unten angekommen, geht es rechts weiter, anschließend in einem Linksknick zum **Haus Schlagbaum**.

**Haus Schlagbaum**, ebenfalls eine ehemalige Wasserburganlage, fällt besonders durch seine weiß geschlämmten Backsteinmauern sowie durch den quer über Eck gestellten Turm (16. Jahrhundert) auf. Deutlich im Mauerwerk zu erkennen sind Spuren einer älteren Zugbrücke.

Vom Haus Schlagbaum kommend fahren wir nun links weiter, vorbei am Straßenbahn-Depot Merheim, anschließend radeln wir rechts unter der Autobahn hindurch nach **Merheim**, wo wir links in die **Abshofstraße** einbiegen und auf dieser bis zur **Ostmerheimer Straße** fahren. Auf

**Schafherde in Merheim**

dem dortigen straßenbegleitenden Radweg geht es rechts ein kurzes Stück weiter bis in Höhe des Fachwerkhauses „Em ahle Kohberg“ (s. Tour 2), danach müssen wir links in die **Broichstraße** einbiegen. Wir fahren auf dem Radweg weiter und überqueren anschließend die Straßenbahngleise; hinter der Autobahnunterführung müssen wir die Straßenseite wechseln und rechts in die für den Radverkehr durchlässige Sackgasse hineinfahren. Weiter geht es durch die Drängelgitter der

**Einst imposanter Rittersitz, heute Reitstall Burg Rath**

Straßenbahnlinie bis zur **Olpener Straße**, hier halten wir uns ein kurzes Stück links, um anschließend rechts über die Ampel entlang des Radweges der **Hans-Schulten-Straße** einzubiegen.

In Höhe der Autobahnauffahrt wechseln wir die Seite. Dabei müssen wir am Zebrastreifen aufpassen, da Fahrräder hier keine Vorfahrt haben! Nun fahren wir etwas abseits der parallel verlaufenden Straße, um nach ca. 400 m die Straße in der dortigen Rechtskurve links zu überqueren. Im weiteren Verlauf führt die Route geradeaus über den **Rather Kirchweg**, der für den Durchgangsverkehr gesperrt ist, bis nach **Rath**. Am Ende des Weges stößt man direkt auf die **Burg Rath** mit der vorgelagerten Kapelle an der Einfahrt.

Die im 16. Jahrhundert errichtete, vor ca. 140 Jahren zerstörte Hauptburg von **Burg Rath** dient heute als Reitstall. Lediglich die 1741 errichtete achteckige barocke Burgkapelle direkt an der Einfahrt mit ihrem auffallenden Mansarddach lässt ein wenig vom früheren Glanz der Burganlage erahnen.

Nun fahren wir links auf der Fahrbahn der **Lützerathstraße** weiter. An der nächsten Ampel biegen wir rechts in ein schmales Pfädchen ein, das nach wenigen Metern auf die **Gröppersgasse** mündet, der wir nun bis zur Rösrather Straße folgen. Hier befindet sich das Kartoffelhaus Anno Pomm.

Die **Rösrather Straße** überqueren wir linksversetzt und fahren in den **Röttgensweg** hinein; hinter der Haltestelle folgen wir kurz vor der Autobahnüberführung links der Radwegweisung (**Am Gieselbach**), am

Ende der Straße müssen wir den **Mauspfad** überqueren und weiter rechts auf dem linksseitigen Radweg unter der Bahn hindurch bis zum **Eiler Mauspfad** fahren. Dort geht es zuerst in einem Linksbogen bis zur Hauptstraße, die wir dann rechts auf dem rot eingefärbten Radstreifen überqueren.

Weiter geht es entlang des Radwegs vorbei an der Mauer von **Schloss Röttgen** und über die Straße **Hirschgraben** weiter geradeaus; nach 200 m biegen wir rechts in Richtung **Erholungsgebiet Gut Leidenhausen** ein.

Das Anwesen von **Schloss Röttgen** kann leider nicht eingesehen werden, eine über zwei Meter hohe Mauer auf elf Kilometern Länge verhindert den Blick auf das einst geschichtsträchtige Schloss, dessen Ursprünge sich bis in die Frankenzeit zurück verfolgen lassen. Das Schloss ist heute Besitz der Familie Mühlens, die durch das weltbekannte Kölner Duftwasser sowie durch ihre Zuchtpferde bekannt ist. Besonders beeindruckend ist der nach englischem Vorbild angelegte Landschaftspark.

Liegewiesen und Ruhebänke finden sich genügend im **Erholungsgebiet Gut Leidenhausen**. Im gleichnamigen Gut befindet sich das **Museum Haus des Waldes.**

Das ursprünglich im 14. Jahrhundert als Rittersitz erwähnte **Gut Leidenhausen**, das in seiner jetzigen Form jedoch aus dem 18. Jahrhundert stammt, dient heute als Waldschule und Naturmuseum (Haus des Waldes) der Stadt Köln. Die Kurse der Waldschule sind jedoch seit Jahren ausgebucht.

**Ehemalige Wasserburg Haus Schlagbaum**

**Wegkapelle unter einer Linde in Porz**

Darüber hinaus sind seit 1986 auf einer Wildwiese des Gutes insgesamt 100 Obstbäume aus 60 Sorten und 250 Obststräucher aus 12 Sorten angepflanzt worden, die als ausgestorben gelten. Dieses **Obstmuseum** war bei seiner Entstehung ein bundesweit einzigartiges Projekt; so findet man hier Obstsorten wie z.B. Bohnapfel, Goldparmäne, Rheinische Schafsnase und Winterrambur, aber auch Reineclauden und Quitten, Mispel und Speierling. Diese Wiese ist ganztägig frei zugänglich, naschen erlaubt.

Nach der wohlverdienten Rast fahren wir weiter links um das **Gut Leidenhausen** herum, anschließend vorbei an der **Greifvogelschutzstation**. Die Tour führt nun weiter über die neue Überführung der ICE-Neubaustrecke, die im Sommer 2004 in Betrieb genommen wird, danach geht es links parallel der Bahnstrecke und Autobahn, die anschließend rechts unterquert wird, auf den Weg **Am Wildzaun** bis in den Ortsteil **Grengel**.

Im weiteren Verlauf der Tour müssen wir die **Waldstraße** überqueren und nun geht es weiter geradeaus entlang des **Wiesenweges**. Danach müssen wir rechts in die **Friedensstraße** einbiegen, den **Akazienweg**

überqueren und weiter auf dem Radweg entlang der **Friedensstraße** unter der Autobahn hindurch fahren. Am Ende der Friedensstraße überqueren wir dann die **Frankfurter Straße** (B 8) im Ortsteil **Elsdorf**. Entgegen der Wegweisung biegen wir links in die **Gilsonstraße** ein und fahren auf dieser Straße durch den Ort hindurch bis zum **Bergerhof**.
Der 1789 errichtete Bergerhof, Teil des Kulturpfades Porz, fällt durch sein Fachwerk sowie das noch gut erhaltene Herrenhaus auf. In unmittelbarer Nähe befindet sich ein Wegkreuz, von dem aus einmal jährlich eine Pilgerfahrt nach Walldürn im Odenwald stattfindet.
Vom Bergerhof aus geht es in Fahrtrichtung weiter bis zum Ortsende; kurz danach passieren wir eine Wegkapelle mit Linden. An dieser Gabelung halten wir uns links, fahren auf zwei markante Klärtürme zu, biegen in deren Höhe links auf die dortige Straße ein und fahren auf dieser Straße bis nach **Wahn**. In der Linkskurve der Hauptstraße verlassen wir die Hauptstraße und fahren weiter geradeaus in die für den Kraftfahrzeugverkehr gesperrte Straße **Auf dem Düppel**. Weiter geht es geradeaus durch Sperrpfosten bis zur Kreuzung **Burggraben**. Links hinter der Mauer erreichen wir durch eine schöne Kastanienallee **Burg Wahn**. Nun radeln wir rechts auf die **S-Bahnhaltestelle Porz-Wahn** zu, wo diese Tour direkt am Bahnsteig endet, auf dem die Züge in Richtung Innenstadt abfahren.

**Mächtige Kastanie im Innenhof von Burg Wahn**

**„Rad-Haus" in Elsdorf**

Die im 12. Jahrhundert erstmals erwähnte und im 18. Jahrhundert gebaute Anlage der **Burg Wahn** zählt noch heute neben Schloss Augustusburg in Brühl zu den bedeutendsten Prachtbauten des Barocks im Rheinland. Gut zu erkennen sind der ehemalige Burggraben sowie die schöne Gartenanlage. Unter der Woche gelangt man auch auf den Innenhof; im Schlossgebäude ist heute die theaterwissenschaftliche Sammlung der Kölner Universität unterbracht. Hierzu gehören unter anderem Werke der weltbekannten Künstler Kandinsky, Baumeister und Schlemmer.

➡ *Hier Anschlussmöglichkeit zur Tour 5 (Seite 56 ff)*

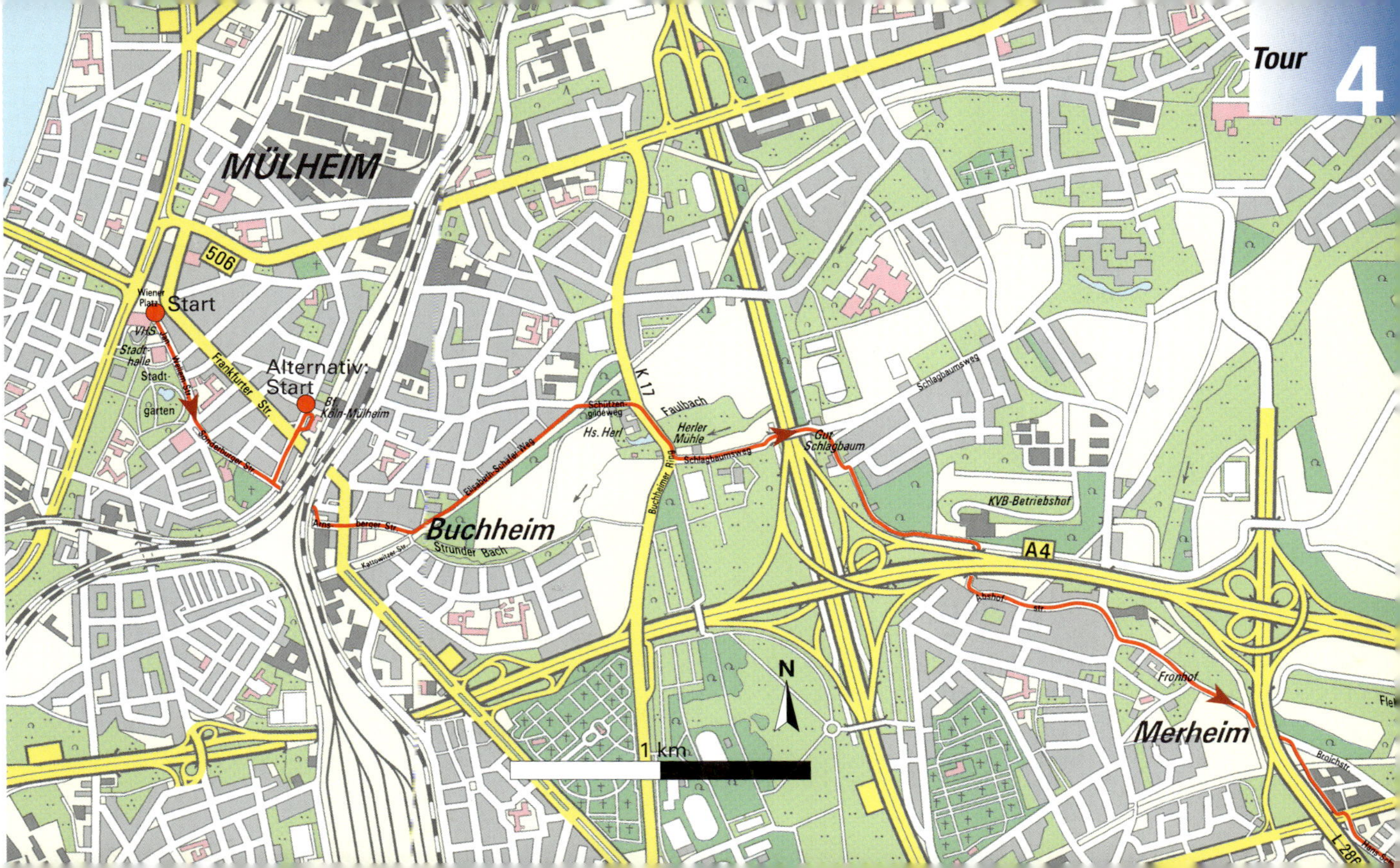
MÜLHEIM
506
Wiener Platz
Start
VHS
Stadt-halle
Stadt-garten
Frankfurter Str.
Alternativ: Start
Bf. Köln-Mülheim
Sonderburger Str.
Buchheim
Strunder Bach
K 17
Faulbach
Hs. Herl
Herler Mühle
Schlagbaumsweg
Gut Schlagbaum
Buchheimer Ring
KVB-Betriebshof
A4
Fronhof
Merheim
N
1 km

Rath/Heumar
Brück
Neubrück
Rather Burg
Köln-Königsforst
Schloß Röttgen
Heumarer Mauspfad
L 489
L 73
L 284
L 286n
A3
AD Heumar
Olpener Str.
Rösrather Str.
Röttgensweg
Rather Kirchweg
Neubrücker Ring
N
1 km

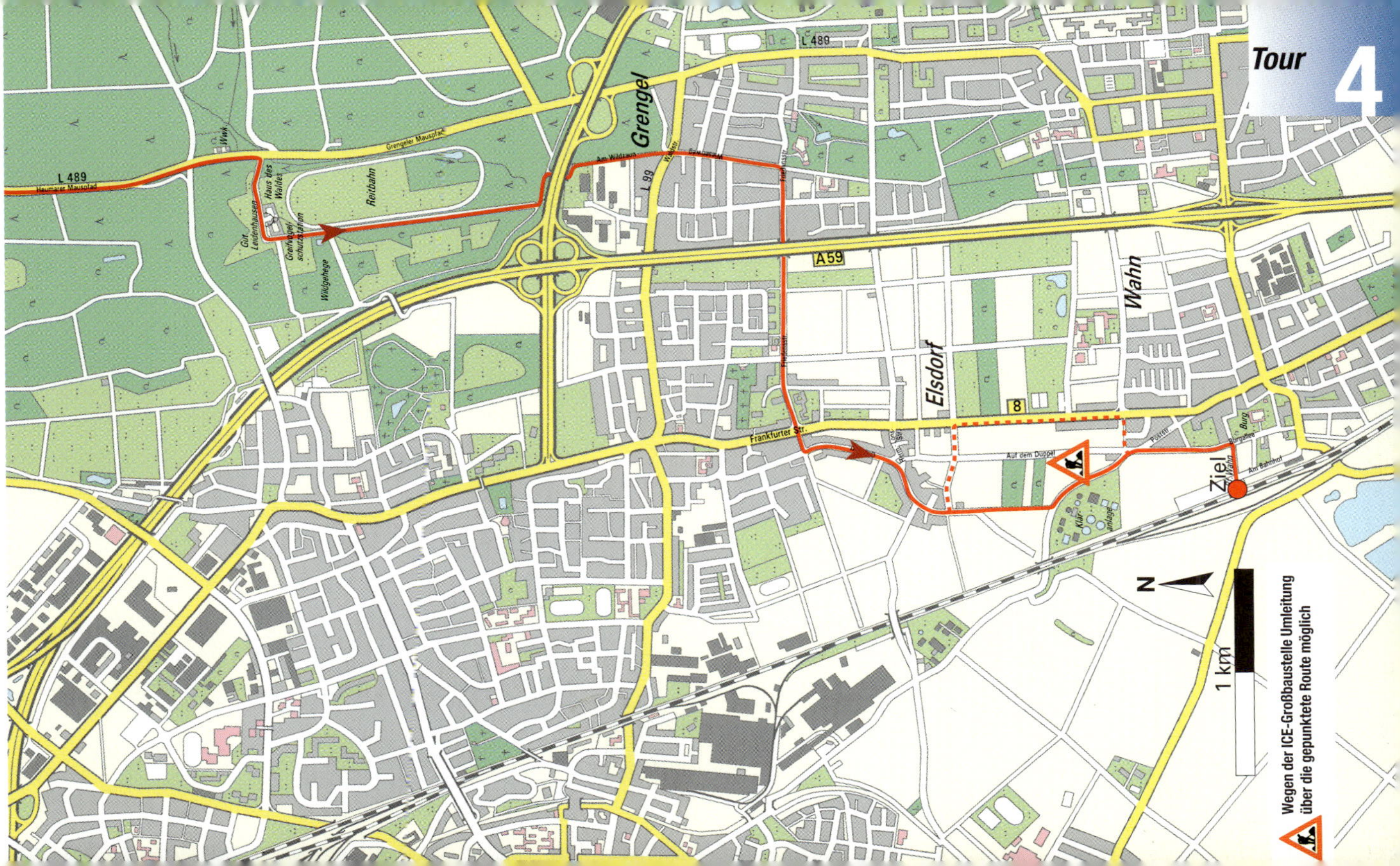
Tour 4
L 489
Heumarer Mauspfad
Grengeler Mauspfad
Haus des Waldes
Gut Leidenhausen
Greifvogelschutzstation
Wildgehege
Reitbahn
Am Wildzaun
Grengel
L 99
L 489
A 59
Wahn
Elsdorf
8
Frankfurter Str.
Auf dem Düppel
Burg
Ziel
Am Bahnhof
N
1 km
Wegen der ICE-Großbaustelle Umleitung über die gepunktete Route möglich

# Tour 5: Mammutprojekte und Naturschutz



**Start und Ziel:** Park & Ride-Platz am S-Bahnbahnhof Porz-Wahn (S12, RegionalExpress)
**Länge der Tour:** 35 km
**Streckenprofil:** z. T. längere Abschnitte entlang bzw. auf stark befahrenen Straßen, einige Steigungen, ein längerer Abschnitt durch die Wahner Heide auf nicht asphaltiertem Weg
**Schwierigkeitsgrad:** eher schwer; für kleine Kinder und Fahrradanhänger nicht geeignet
**Sehenswürdigkeiten:** Linder Bruch, Wahner Heide, St. Georg in Altenrath, ehem. Kriegsgefangenenlager Stephansheide, Gut Leidenhausen, Bergerhof in Elsdorf, Burg Wahn
**Einkehrmöglichkeiten:** Heideklause in Altenrath, Gasthaus Zum Bambi in Brand
**Freizeiteinrichtungen:** Informationszentrum Wahner Heide, Waldmuseum, Greifvogelschutzstation, Obstmuseum und Informationszentrum Gut Leidenhausen

## *Rund um die Wahner Heide*

Diese recht lange Rundtour im Südosten Kölns ist etwas für Naturliebhaber, da sie größtenteils um bzw. durch eines der größten Naturschutzgebiete des Rheinlandes führt. Wegen ihrer Länge von 35 km, der Steigungen und Verläufe auf zum Teil mäßigen Streckenabschnitten sollte man sich etwas Zeit nehmen. Für Freunde von Pflanzen, Vögeln und Insekten empfiehlt sich das Mitnehmen eines Fernglases sowie, falls vorhanden, der entsprechenden Bestimmungsbücher.

Vom Ausgangspunkt **S-Bahnbahnhof Porz-Wahn** geht es in Höhe des Fahrradhäuschens geradeaus auf dem Radweg in Richtung **Burg Wahn**.

➡ (**Burg Wahn** siehe Tour 4)

Dort biegen wir rechts auf die **Burgallee** ein, an deren Ende wir die **Sebastianusstraße** überqueren. Hierbei ist Vorsicht geboten, da diese Stelle ohne den Schutz einer Ampel oder Verkehrsinsel überquert werden muss. Danach geht es links auf dem Radweg weiter und rechts auf die Kirche **St. Aegidius** zu.

**Barocker Prachtbau im Rheinland – Burg Wahn**

**Unterwegs auf idyllischen Pfaden**

Hier müssen wir das Fahrrad ein kurzes Stück entgegen der Einbahnstraße schieben.

Die Kirche **St. Aegidius** wurde erstmals 1358 erwähnt. 1895 in ihrer jetzigen Form erbaut, ist sie in der Weihnachtszeit das Ziel vieler Krippenfahrten; hier ist die Hänneschen-Krippe zu bestaunen, die auf kölsche Art christliche Vorstellungen und gesellschaftliche Realitäten in einen Zusammenhang stellt.

Nachdem wir die **Frankfurter Straße** überquert haben, geht es weiter entlang des Caritas-Altenzentrums, wo eine Hinweistafel auf das selbstlose Wirken der Dernbacher Schwestern von 1851 – 1981 hinweist. In Fahrtrichtung weiter verläuft die Route entlang der **Wilhelm-Ruppert-Straße.**

Die Wilhem-Ruppert-Straße ist eine wunderschöne Kastanienalle, in der sich noch eine typische Arbeitersiedlung aus der Gründerzeit befindet.

Vor einer Fabrikeinfahrt müssen wir nun rechts in den **Winkelsmaar** einbiegen und durch die für den Radverkehr durchlässige Sackgasse geradeaus auf dem Rad-/Gehweg weiter fahren; an dessen Ende biegen wir links in die **Nibelungenstraße** ein, die uns über die Autobahn führt. Danach rechts vor der Einfahrt in die Tempo-30-Zone auf den Rad-/Gehweg in den **Senkelsgraben** einbiegen; dieser mündet auf eine Straßenkreuzung. Linker Hand geht es weiter in die für den Radverkehr durchlässige Sackgasse **Im Bruch**.

Hier fahren wir rechts in das **Landschaftsschutzgebiet Linder Bruch** (siehe auch Tour 3) hinein und an dessen Ende im spitzen Winkel links in den **Torfweg**. Am Privatgrundstück mit dem auffällig beschrifteten Eisengittertor der Baufirma David müssen wir rechts über einen Platz fahren, anschließend überqueren wir den **Mauspfad** und fahren rechts auf dem linksseitigen Radweg weiter in Richtung **Spich**. Wenig später verläuft der Radweg durch eine Unterführung und geht anschließend in einem Linksbogen auf der rechten Straßenseite weiter, nun stetig bergauf.

Der Radweg führt nach etwa 2 km rechts in den Wald hinein; wir folgen der Wegweisung, die uns zuerst bergab, später wieder bergauf zur Straße führt. Hier endet der Radweg und es geht auf der Fahrbahn weiter.

Anschließend geht es auf der Fahrbahn bergab bis zu einer großen Kreuzung, die wir überqueren, hier biegen wir links ab und fahren auf den rechten, nicht asphaltierten Rad-/Gehweg, der die nächsten fünf km bis Altenrath größtenteils bergauf führt; linker Hand liegt das **Naturschutzgebiet Wahner Heide**. Vor allem nach der Hälfte der leichten Bergauffahrt lohnt sich bei klarer Sicht ein Rundblick auf die Rheinmetropole Köln.

**Zeuge der Gründerzeit – Schönes Backsteinhaus in Wahn**

**Durch die Wahner Heide**

Die **Wahner Heide** ist Bestandteil der **Bergischen Heideterrasse**, ein Gebiet von ca. 4 km Breite und 50 km Länge. Typische Vegetationsvertreter sind Birkenbruchwälder, Eichenwälder, aber auch Moore. Das Heidegebiet ist nicht natürlich gewachsen, sondern wurde durch menschliche Nutzung maßgeblich geprägt. Erste größere waldfreie Gebiete gab es bereits um 1200. Man rodete den Wald und betrieb Weidewirtschaft, da der sandige Untergrund einen ertragreichen Ackerbau nicht zuließ. Durch die intensive Beweidung sowie durch Abstechen von Torf und durch Plaggenhieb (Gewinnung von Stalleinstreu) wurde diese Allmende (Gemeindeland, von allen Anliegern nutzbar) zur Heidelandschaft verformt. Zum Ende des 18. Jahrhundert weideten ca. 3.000 Schafe und 2.500 Rinder auf der Wahner Heide.

In den verbliebenen Wäldern wurde die so genannte Eichel-Mast betrieben, also Vieh durchgetrieben. Durch den daraus resultierenden Verbiss der jungen Triebe wuchsen so Wälder aus weit auseinander stehenden Bäumen.

Die Bewirtschaftung der Heide ist demnach eine über Jahrhunderte praktizierte, gleichzeitig an den natürlichen Gegebenheiten weitgehend angepasste Nutzungsform. Weidewirtschaft, Holzeinschlag, Ackerbau und Imkerei wurden in einem ausgewogenen Verhältnis miteinander betrieben und formten den hiesigen Lebensraum der Heide nachhaltig.

In **Altenrath**, das sich durch rege Bautätigkeit auszeichnet, verläuft die Tour rechts am Kreisel vorbei geradeaus in den Ort hinein. In Höhe der

nächsten Verkehrsinsel biegen wir links ab; die Straße macht kurz danach einen Rechtsknick und führt an einem schönen Spielplatz vorbei (**Sandhasenplatz**); am Ende der Straße **Rübkamp** müssen wir links abbiegen. Hier, neben der markanten Kirche St. Georg befindet sich die Gaststätte Heideklause, wo wir uns ein wenig stärken können. Außerdem lohnt ein Besuch des Infozentrums Wahner Heide.

Die Tour führt nach dieser schönen Rast nun weiter über die **Flughafenstraße**, die für den Durchgangsverkehr gesperrt ist; hinter dem Linksknick müssen wir noch vor der Landstraße L 84 rechts in die Hasbacher Straße abbiegen. Nun folgt ein sehr schöner Streckenabschnitt durch den bewaldeten Teil der **Wahner Heide**.

An den Weggabelungen weisen mehrere Schilder auf die **besondere naturräumliche Bedeutung der 4000 ha großen Heide** hin, die ca. 800 seltene Tier- und Pflanzenarten beherbergt. Insgesamt ging der Anteil der Heideflächen jedoch bedingt durch Forstwirtschaft und militärische Nutzung sowie durch den Bau und der Erweiterung des Flughafens immer mehr zurück. In den 30er Jahren wurde die Allmende-Bewirtschaftung wegen der militärischen Nutzung eingestellt. Durch den Militär-Betrieb blieb die Wahner Heide waldfrei. Die militärische Nutzung war jedoch nie flächenhaft, sondern punktuell, sodass sich Rückzugsgebiete für Pflanzen und Tiere erhalten konnten.

**Lädt zu einer Rast ein – Heideklause in Altenrath**

Die **Gefährdung der Heide** geht demnach nicht von der militärischen Nutzung, sondern von anderen Sondernutzungen aus. Im Norden ist eine Erweiterung des Flughafengeländes geplant, gegen die sich seit vielen Jahren mehrere Initiativen auflehnen.

Zudem zeugt ein in Höhe von Hasbach kahlgeschlagenes Waldstück von der **geplanten Erweiterung der Ostlandebahn**; die künftige Flug-

**Markanter Punkt auf der Route – St. Georg in Altenrath**

schneise sollte freigehalten werden. Nicht zu vergessen ist die Zerschneidung der Heide durch den **Bau der ICE-Schleife**; die Züge sollen ab 2004 zum Flughafen rollen. Ein weiteres Problem ist die mangelnde bzw. fehlende **Pflege der Heide**, sodass **Verbuschung** droht. Seit Einrichtung der zivilen Luftfahrt ab 1951 wurden bereits vier große Moorflächen unwiederbringlich zerstört; generell sind **Entwässerungsmaßnahmen bei Mammutprojekten** der schleichende Tod jeder Moorlandschaft.

Der nächste Ortsteil heißt **Schefferei**, danach passieren wir **Hasbach**, dort biegen wir in Höhe eines Hauses mit blauen Fensterläden links ein, anschließend geht es sofort rechts in die Straße **Auf dem neuen Feld** weiter. Die Straße macht kurz danach einen Linksknick, später in **Brand** einen Rechtsknick. Dort müssen wir in Höhe eines grau-blauen Schuppens links in die **Brander Straße** einbiegen; kurz danach passieren wir das Gartenlokal Zum Bambi. Die Straße führt nun rechts bergab in den Wald zum Kinder- und Jugendhort **Stephansheide**.

Das Gelände des heutigen **Kinder- und Jugendhilfezentrums Stephansheide** diente 1940 bis 1945 als Kriegsgefangenenlager. Im Frühjahr 1945 wurden 1.500 Lagerinsassen befreit. Maßgeblichen Anteil an der Aufarbeitung und Dokumentation der Geschichte des Lagers hatten hierbei ehemalige polnische Kriegsgefangene. Die Ausstellung ist in einem kleinen Nebenraum der Stephanskapelle zu besichtigen und zeigt Luftbildaufnahmen, Dokumente von Zeitzeugen, ein Modell einer Kriegsgefangenenstube, Karten zum Arbeitseinsatz und Todeslisten sowie ein Bestandsmodell, welches das Lager im Zustand von 1943 darstellt.

Am Ortsende fahren wir dem Hinweisschild **Kalmusweiher** folgend im spitzen Winkel links auf den Waldweg und folgen dem Verlauf dieses Weges, der uns nun durch typische Landschaftsformen der Wahner Heide führt. Nach einer Weile mündet der Weg auf einen breiteren Weg, auf den wir rechts einbiegen (**Wolfsweg**).

Dieser führt durch Wald- und Heidelandschaft, stößt einige Male an die Autobahn, um danach im Linksbogen wieder durch den bewaldeten Teil der Wahner Heide am **Grengeler Mauspfad** zu enden. Wir überqueren den Mauspfad und fahren links abbiegend auf dem straßenbegleitenden Radweg weiter. Nach 200 m verlassen wir die laute Straße und biegen rechts in Richtung **Erholungsgebiet Gut Leidenhausen** ab (Gut Leidenhausen, siehe Tour 4).

Nun geht es links um das **Gut Leidenhausen** herum, vorbei an der **Greifvogelschutzstation** (siehe Tour 4) und weiter entlang der Reitbahn. Wir fahren über die Überführung der ICE-Neubaustrecke, dahinter links parallel zur Autobahn und danach rechts durch die Autobahn-

**Spielplatz in Stephansheide**

**Typische Heidelandschaft – Ganz in der Nähe**

unterführung auf dem Weg **Am Wildzaun** weiter in den Ortsteil **Grengel**.

Im weiteren Verlauf der Tour müssen wir die **Waldstraße** überqueren und geradeaus auf dem **Wiesenweg** weiter radeln. Danach geht es rechts in die **Friedensstraße** hinein, an der Ampel überqueren wir den **Akazienweg**, fahren weiter den Radweg entlang der **Friedensstraße** unter der Autobahn hindurch und überqueren später die **Frankfurter Straße** (B 8) im Ortsteil **Elsdorf**.

Entgegen der Wegweisung biegen wir links in die **Gilsonstraße** ein und bleiben auf dieser bis zum Ortsende. An der Wegkapelle unter den Linden benutzen wir an der Gabelung den linken Weg, der in Höhe der Klärtürme links auf die dortige Straße führt. Auf dieser radeln wir nun bis kurz vor **Wahn**, um die Hauptstraße in der Linkskurve geradeaus zu verlassen und nun in die für den Kraftfahrzeugverkehr gesperrte Straße **Auf dem Düppel** hinein zu fahren. Dort geht es in Fahrtrichtung durch die Sperrpfosten hindurch bis zur Kreuzung in Höhe des **Burggrabens**, wo wir rechts zum **S-Bahnbahnhof Porz-Wahn** hin einbiegen; hier endet unsere Rundtour am Bahnsteig, an dem die Züge in Richtung Kölner Innenstadt mehrmals stündlich abfahren.

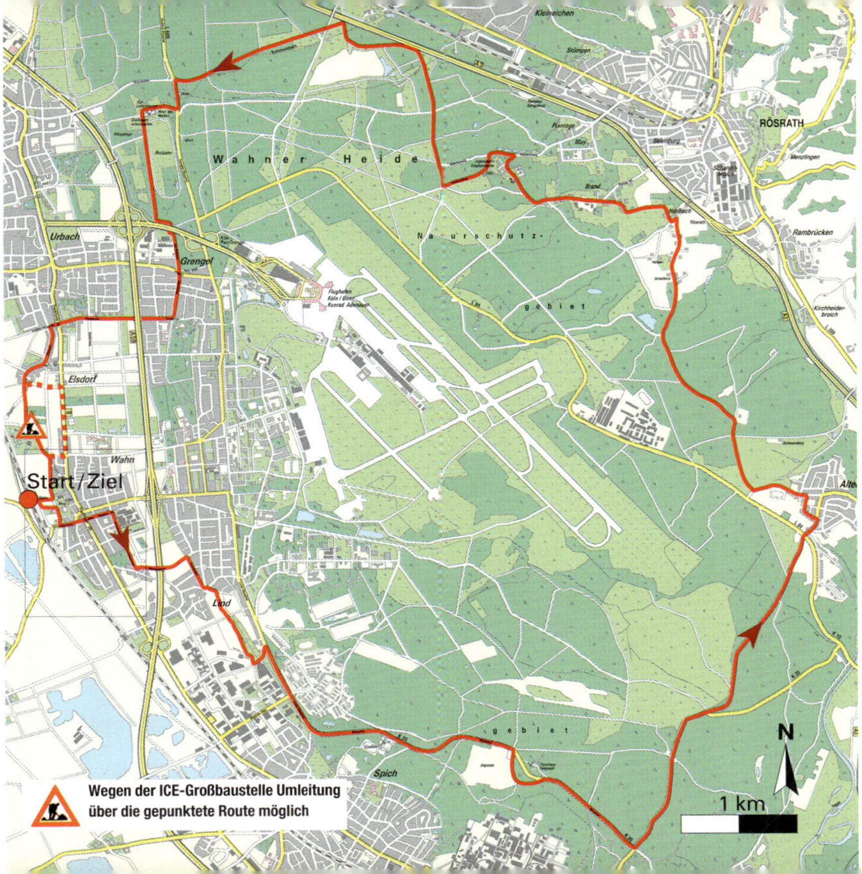
Kleineichen
Stümpen
RÖSRATH
Wahner Heide
Naturschutz-
gebiet
Brand
Hoffnungsthal
Rambrücken
Urbach
Grengel
Elsdorf
Wahn
Start/Ziel
Lind
Spich
Altenrath
N
1 km
Wegen der ICE-Großbaustelle Umleitung über die gepunktete Route möglich

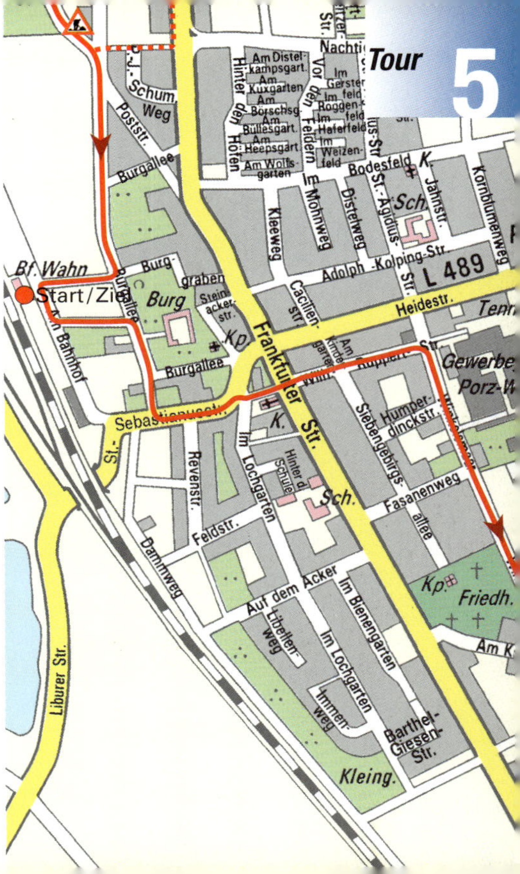
Bf. Wahn
Start/Ziel
Poststr.
Burgallee
Burggraben
Burg
Frankfurter Str.
Heidestr.
L 489
Adolph-Kolping-Str.
Bodesfeld
Kleeweg
Im Mohnweg
Distelweg
Jahnstr.
Kornblumenweg
Sebastianusstr.
Liburer Str.
Dammweg
Revenstr.
Im Lochgarten
Feldstr.
Auf dem Acker
Libellenweg
Im Bienengarten
Immenweg
Barthel-Giesen-Str.
Fasanenweg
Siebengebirgsallee
Humperdinckstr.
Kleing.
Friedh.
Gewerbe

# *Tour 6:* Durch den rechtsrheinischen Grüngürtel



**Start:** S-Bahnbahnhof Köln-Stammheim (S 6)
**Ziel:** S-Bahnbahnhof Porz-Wahn (S12, RegionalExpress)
**Länge der Tour:** 40 km; die Tour kann nach ca. 18 km in Dellbrück abgebrochen werden (S 11)
**Streckenprofil:** zu Beginn flach, in Bergisch Gladbach hügelig, später wieder flach; einige Abschnitte auf z.T. schlecht befestigten Wegen, dafür größtenteils autofreie / autoarme Wegführung. Sehr viele Waldabschnitte
**Schwierigkeitsgrad:** mittel, für Kinder und Fahrradanhänger nur bedingt geeignet. Trekking-Bike oder MTB empfohlen
**Sehenswürdigkeiten:** Bayer-Kreuz, Siedlung Am Kunstfeld, Kiesgrube Hornpottweg, Schulmuseum Katterbach, Wildgehege Brücker Hardt, Waldlehrpfad Brücker Hardt, Schloss Wahn
**Einkehrmöglichkeiten:** Waldschenke Am Kunstfeld, Diepeschrather Mühle, Haus Waldfrieden in Brück, Waldhaus Königsforst
**Freizeiteinrichtungen:** Spielplatz an der Diepeschrather Mühle

## *Eine Radtour am Fuße des Bergischen Landes*

Diese Tour führt vom Norden des rechtsrheinischen Kölns bis in die Wahner Heide im Süden. Aufgrund ihrer Länge von 40 km sollte man sich Zeit nehmen. So wie bei der Burgentour handelt es sich um eine Streckentour, daher empfiehlt sich die Anreise per S-Bahn.
Zum Teil weist diese Tour Steigungsabschnitte, in jedem Fall aber viele Abschnitte auf Waldwegen auf, die nicht immer im guten Zustand sind. Entsprechende Räder sowie Kondition sind daher ratsam, sollte man sich für diese Waldtour entscheiden.

Vom **S-Bahnbahnhof Köln-Stammheim** geht es auf dem Radweg entlang des **Dünnwalder Kommunalweges** Richtung Dünnwald. Nach etwa 700 m überqueren wir den Kommunalweg durch eine Lücke in der Leitplanke und fahren links um die Schranke herum auf den Feldweg. An dessen Wegende radeln wir wiederum links an Klärteichen vorbei bis zur nächsten Gabelung, um dort nach Umfahren einer Schranke rechts abzubiegen.
Vor uns können wir einen Großteil der Hochhäuser, Fabrikhallen und Schornsteine von **Leverkusens** größtem Arbeitgeber sehen, dem **Bay-**

**Erstrahlt in neuem Glanz – Haus Mielenforst nach dem Umbau**

**Fachwerk am Stadtrand – Siedlung Am Kunstfeld**

**erwerk**. Das von weitem sichtbare **Bayer-Kreuz** ist seit der Einweihung 1958 das Wahrzeichen Leverkusens. Mit 300 t Gewicht und 1712 Glühbirnen zu je 40 Watt ist es die größte Leuchtreklame der Welt.

Weiter geht es entlang des **Grünen Kuhweges**, der für den Autoverkehr gesperrt ist; hinter der Eisenbahnüberführung biegen wir links auf den Radweg der Straße **Am weißen Mönch** ein und kommen kurz danach in die Neubausiedlung **Donewald**. Diese passieren wir in Fahrtrichtung zuerst geradeaus, dann links abknickend um später nach Passieren der engen Rechtskurve in die Siedlung am **Leimbachweg** zu gelangen. Hier biegen wir in Höhe der rechts abgehende Hauptstraße im spitzen Winkel links in den **Goffineweg** ein, folgen diesem bis zum Waldrand und fahren dort rechts hinein; später biegen wir an zwei Einzelhäusern links ab und schieben die Fahrräder über die Gleise (sonntags kein Bahnverkehr!), dann halten wir uns nach dem Drängelgitter rechts und fahren auf dem schmalen Feldweg in die **Siedlung Am Kunstfeld** hinein.

Der Name der Siedlung basiert auf der dortigen ehemaligen Kunststofffabrik von Wöllner & Mannes. Hier befand sich die Sprengstofffabrik von Benjamin Sterneberg, die 1870 explodierte. Sehenswert ist das Fachwerkensemble der Siedlung mit vielen denkmalgeschützten Häusern. Hier gibt es auch im Lokal Waldschenke einen sehr schönen Biergarten.

Am Ende der Siedlung biegen wir links ab, fahren danach um die Schranke in den Wald hinein und erreichen nach einer Weile halblinks die zurückgebaute und nun für den Autoverkehr nicht mehr benutzbare Straße **Hornpottweg**.

Die **Kiesgrube Hornpottweg** wird vom Deutschen Vogelschutz-Bund (DVB) Köln und Leverkusen betreut; sie dient als Refugium vieler Pflan-

zen und Vögel. Im benachbarten Wald mit alten Baumbeständen sind bereits ab Februar Buntspechte bei ihrer Arbeit zu hören. In dieser nur 22 ha großen Kiesgrube brüten über 20 Vogelarten, u.a. der Kiebitz, die Uferschwalbe und der Teichrohrsänger. Auch Baumfalken, Kornweihe, Habichte und Kormorane lassen sich beobachten. Der Graureiher, noch vor gut 10 Jahren vom Aussterben bedroht, ist hier Dauergast. Im Frühjahr und Herbst lässt sich mit ein wenig Glück der dort rastende Fischadler beobachten.

Im späteren Verlauf verlassen wir den **Hornpottweg** um eine Schranke herum, biegen dahinter sofort rechts (Schild NSG) ein und fahren weiter entlang der Kiesgrube. Am Ende der Kiesgrube entscheiden wir uns für den breiteren Weg links, und an der nächsten Kreuzung halten wir uns in Höhe des gelben Gasleitungspfahles rechts. Die Tour verläuft weiter aus dem Wald heraus, wir überqueren kurz danach die **Berliner Straße** (B 51) an einer Ampel und radeln weiter geradeaus den Waldweg entlang der Schlebuscher Waldsiedlung (Wanderzeichen A 1,2). Das kommende Wegstück steigt leicht bergan und ist teilweise recht sandig.

Am Ende des Weges fahren wir rechts um eine Schranke und folgen links der Radwegweisung in Richtung Schildgen. Weiter geht es immer geradeaus, danach müssen wir zuerst die **Altenberger-Dom-Straße**

**Kiesgrube Hornpottweg – Refugium vieler Pflanzen und Tiere**

Seltener Gast in Köln – Ulme an der Strunde

und 20 m weiter die **Kempener Straße** überqueren. Die Tour führt uns weiter durch den **Odenthaler Markweg** (T-30-Zone), an dessen Ende halblinks ein Waldweg beginnt, dem wir nun ansteigend folgen. An dessen Ende biegen wir rechts auf die Straße, die uns in Richtung **Voiswinkel** führt, ein. In Höhe eines alten Fachwerkschuppens (S. 72) hat man bei klarer Sicht einen wunderschönen Blick auf die Kölner Bucht!

An der Kempener Straße Nr. 187 befindet sich das **Schulmuseum Katterbach Sammlung Carl Cüppers**, das 1990 eröffnet wurde. Früher wurden die vielen kleinen Dorfschulen mit nur einem Klassenraum für alle Jahrgangsstufen aufgelöst. Ausgestellt sind Zeugnisse, Schulfotos, Hefte, Fibeln, Landkarten, Ranzen, Schiefertafeln und Handarbeiten. Bei Führungen wird Unterricht „wie zu Kaisers Zeiten" geboten, wobei auf einem Harmonium das Lied „Der Kaiser" vorgespielt wird und von der Klasse mitzusingen ist.

Hinter der Fachwerkscheune biegen wir rechts in den **Hufer Weg** ein und lassen uns bergab rollen, um an der nächsten Straße rechts in den **Weidenbuscher Weg** einzubiegen. Diese Wohnstraße macht kurz danach einen Linksknick und verläuft bis zur **Kempener Straße**, die wir rechtsversetzt überqueren. Jetzt halten wir uns rechts, folgen zuerst der Radwegweisung und später der Wanderwegweisung, fahren anschließend um die Schranke herum in den Wald hinein. Nach ca. 150 m in Höhe eines Trimm-Dich-Pfades geht es links ab; wir folgen dem Wanderwegzeichen > 7. Am Waldende in Höhe einer Pferdekoppel halten wir uns links und radeln an der alten Mühle vorbei, wobei wir ein kurzes schlechtes Wegstück passieren; kurz danach erreichen wir das Ausflugslokal **Diepeschrather Mühle.**

➡ *Hier Anschlussmöglichkeit zur Tour 1 (Seite 18 ff)*

In Höhe des Ausflugslokals biegen wir rechts auf den **Diepeschrather Weg** ein und fahren weiter bis zur nächsten Gabelung, wo wir links abbiegen. Wir erreichen Köln-Dellbrück, und fahren geradeaus über die Kreuzung in die **Diepeschrather Straße**, die uns bis zum **S-Bahnbahnhof Köln-Dellbrück** führt; dort überqueren wir die Straße und fahren oder schieben das Fahrrad durch die Unterführung. Dabei muss auf Fußgänger geachtet werden!

Bis Köln-Dellbrück sind 18 km zurückgelegt; wer möchte, kann hier die Tour beenden und mit der S-Bahn in Richtung Innenstadt zurückfahren. Wer die Tour fortsetzen will, überquert nun in Höhe des P & R-Platzes die Hauptstraße und gelangt in die **Hünenstraße**. An deren Ende, in Höhe des Kasernengeländes **Moorslede**, biegen wir links in die **Urnenstraße** ein, kurz danach überqueren wir die **Bergisch Gladbacher Straße** (B 506) und fahren weiter auf dem **Grafenmühlenweg***, der im späteren Verlauf den **Bensberger Marktweg** in Linksrichtung überquert und auf den **Mauspfad** mündet. Dort biegen wir rechts ab; der Radweg ist auf der linken Seite und führt uns vorbei am Ostfriedhof.

➡ **Hier Anschlussmöglichkeit zur Tour 2 (Seite 26 ff)*

Hinter dem Friedhof liegt am Beginn der freien Felder das **ehemalige Gut Mielenforst**, das recht aufwändig in Luxuswohnungen unter Be-

**Einmal tief durchatmen! Waldweg im rechtsrheinischen Grüngürtel**

**Am Fuß des Bergischen Landes – Fachwerkscheune in Buschhorn**

wahrung der historischen Bausubstanz mit Beteiligung des Instituts für Denkmalpflege umgebaut wurde.

Nach Erreichen des nächsten Waldstücks verlassen wir links den straßenbegleitenden Radweg und fahren in den Wald hinein. Dort folgen wir dem Hauptweg, der im weiteren Verlauf einen Linksknick macht. Am Ende des Weges fahren wir um die Schranke herum, danach rechts und unter der Autobahn hindurch (Vorsicht: Reiter!) nach **Brück**. Am Ende des **Rinderweges** müssen wir rechts auf die **Olpener Straße** abbiegen, um nach weiteren 50 m diese nach links der Wegweisung zum Wildgehege folgend wieder zu verlassen. Hier besteht die Möglichkeit einer Einkehr im Haus Waldfrieden.

Hinter dem Parkplatz folgen wir links der Radwanderwegweisung R 20 in Richtung Overath und gelangen in das **Naherholungsgebiet Brücker Hardt**. Hier geht es vorbei am Wildgehege und am Lehrpfad, anschließend über eine Holzbrücke, um wenig später den stark befahrenen **Rather Weg** (L 358) zu überqueren. Nun befinden wir uns im **Königsforst**; an der nächsten Kreuzung geht es geradeaus weiter, nachfolgend ein längeres Stück etwas bergauf bis zu einer großen Kreuzung mit asphaltierten Wegen.

Der Brücker Teil des Königsforstes (ca. 200 ha), die **Brücker Hardt**, wurde einst von der Stadt Köln erworben und für Erholungszwecke erschlossen; 50 ha sind als Wildgatter eingerichtet (Dybowski-Hirsche aus der Mandschurei), nebenan befindet sich ein Waldlehrpfad mit über 100 verschiedenen Baum- und Straucharten.

Das Erbe der Frankenkönige, der **Königsforst**, liegt auf der rechtsrheinischen Mittelterrasse. Dieses ca. 3.000 ha große Waldareal diente bereits zu Zeiten der Franken als Jagdrevier. Schon damals wurde der Königsforst als Bannwald geachtet, Rodungen blieben also aus. 1703 baute sich

Jan Wellem von Berg auf der Höhe von Bensberg sein Jagdschloss. Der enorme Rotwildbestand bereitete schon damals Probleme, 1790 entschloss man sich zur Dezimierung des Wildes durch konsequente Bejagung. Das Bensberger Hirschfest zeugt noch heute von der damaligen Hatz. Mit den Franzosen wurde der Eichenwald rücksichtslos gefällt und durch schneller wachsende Nadelhölzer ersetzt. Erst mit den Preußen (ab 1815) begann eine konsequente Wiederbewaldung. Neben Kiefern sieht man heute auch größere Bestände von Lärchen und Douglasien.

An dieser größeren Kreuzung biegen wir rechts ab auf den Rennweg und fahren auf diesem immer geradeaus weiter; am Ende des Weges müssen wir nun sehr vorsichtig die **Rösrather Straße** überqueren, was beim dortigen Autoverkehr schon mal einige Minuten Wartezeit kosten kann. Anschließend fahren wir weiter geradeaus über die Gleise der Oberbergischen Bahn.

Wer jetzt einkehren möchte: links nach ca. 300 m liegt das **Waldhaus Königsforst**; einstmals ein sehr beliebtes Ausflugslokal der Kölner, als hier noch Züge hielten.

Nachdem wir die Gleise überquert haben, bzw. von unserem Abstecher von Waldhaus Königsforst zurückgeradelt sind, geht es nun geradeaus über die Autobahn und an der nächsten Weggabelung geradeaus weiter. Nach einem Links-Rechts-Knick in Höhe der Schilder mit den Panzern

**Schon seit den 20er Jahren ein beliebtes Ausflugsziel, das Waldhaus Königsforst**

bleiben wir auf dem Weg, der uns immer geradeaus führt. Hierbei müssen schlechtere Wegabschnitte passiert werden. Der weitere Verlauf des Waldabschnittes endet später an der **Alten Kölner Straße** (L 84), auf diese biegen wir rechts ein und radeln weiter bis zum **Mauspfad**. Diesen überqueren wir geradeaus, indem wir uns vor der Ampel auf der Linksabbiegespur einordnen. Weiter geht es parallel zur Autobahn, die wenig später links unterquert wird, und danach auf dem schmalen Weg **Am Wildzaun** weiter bis zur Waldstraße im Ortsteil **Porz-Grengel**, die wir anschließend überqueren.

Der Name **Mauspfad** hat nichts mit unseren einheimischen Nagern zu tun, sondern leitet sich vom Begriff „Maut" ab; auf diesem Weg wurden früher ganze Schiffsladungen auf dem Landweg von Porz nach Mülheim und umgekehrt transportiert, um die damaligen Zollgebühren auf dem Rhein, die in Köln erhoben wurden, zu umgehen.

Wir haben zwar jetzt den Wald hinter uns gelassen, sind jedoch noch nicht ganz an unserem Ziel angelangt. Geradeaus geht es weiter durch die **Wiesenstraße**, dann müssen wir die **Friedensstraße** passieren und wieder ein kleines Stück in den Wald hinein fahren. Nach dem Überqueren der **Hermann-Löns-Straße** müssen wir uns am kommenden Wegende links halten, um danach auf einem etwas schlechteren Wegabschnitt im Wald sofort wieder rechts abzubiegen. Hinter dem Sportplatz fahren wir in Höhe der Schule links, anschließend geradeaus und biegen in die zweite Straße rechts, die **Magazinstraße**, ein. Am Kreisel halten wir uns rechts, fahren weiter geradeaus in die **Nachtigallenstraße** und vor der Autobahn an der Einmündung der **Schützenstraße** auf dem Radweg neben der Straße weiter geradeaus bis zur **Frankfurter Straße** (B 8). Diese überqueren wir, fahren ein ganz kurzes Stück links, um sofort wieder rechts auf dem schmalen Weg bis zur nächsten Straße entlangzuradeln.

Hier biegen wir links ein und fahren weiter geradeaus **Auf dem Düppel**, wo wir in Höhe des **Burggrabens** rechts abbiegen und auf den **S-Bahnbahnhof Porz-Wahn** zuradeln. Hier endet unsere Tour auf dem Bahnsteig, an dem mehrmals stündlich Züge in Richtung Kölner Innenstadt abfahren.

➡ *Hier Anschlussmöglichkeit zur Tour 5 (Seite 56 ff)*

Tour 6
Start
S-Bahnhof K-Dellbrück
Dünnwalder Wald
Dünnwald
Katterbach
Schildgen
Sträßchen
Dellbrück
Thurner Wald
siedlung
A3
L 101
506
N
1 km

Köni
N
1 km
L 358
Lustheide
Wildgehege
55
L 73

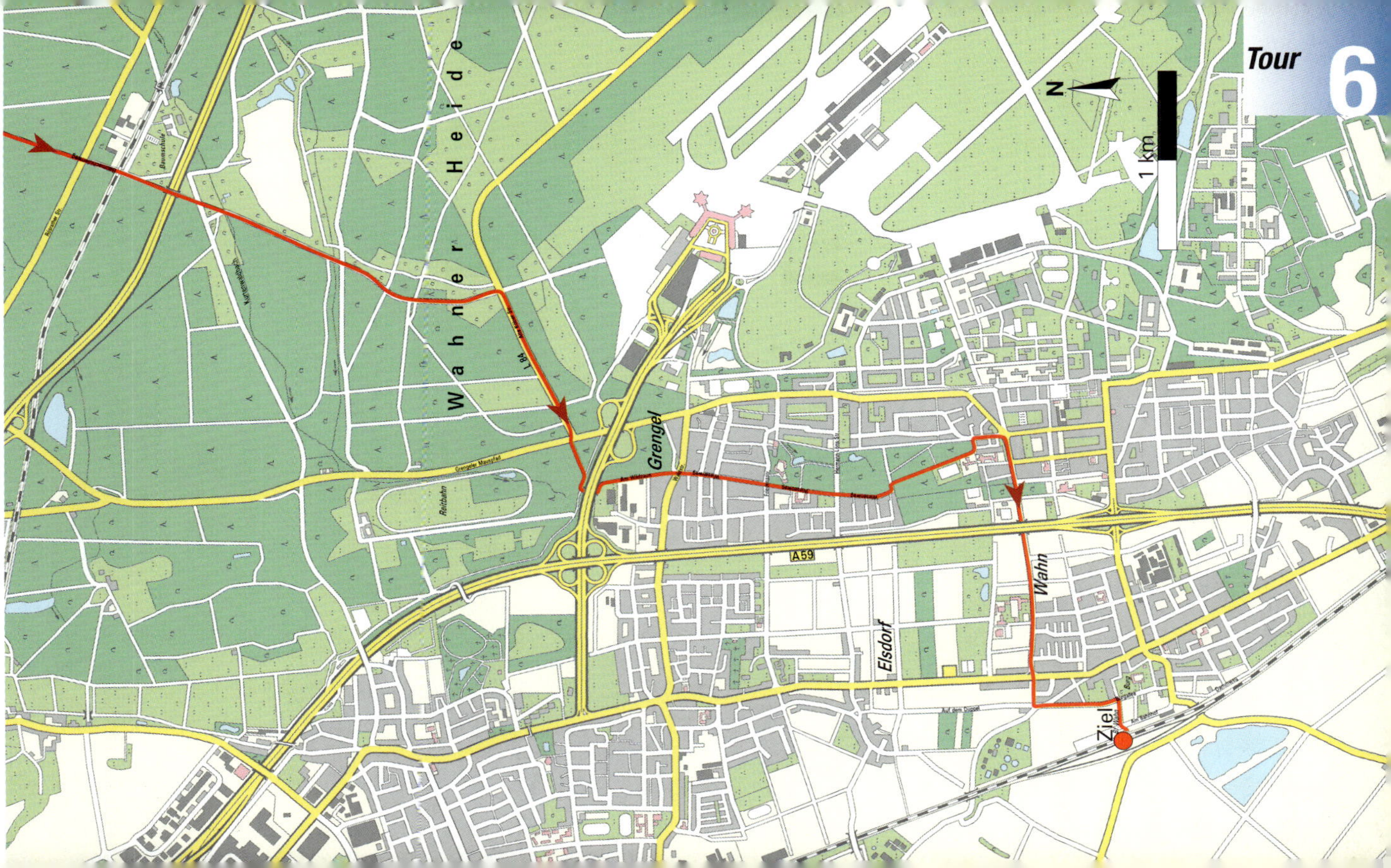

Tour 6
N
1 km
Wahner Heide
Grengel
A59
Wahn
Elsdorf
Reitbahn
Ziel

# Tour 7: Rhein, rauf und runter



**Start und Ziel:** Straßenbahn-Endhaltestelle Zündorf (Linie 7)
**Länge der Tour:** 22 km
**Streckenprofil:** flach; alle Wege asphaltiert und größtenteils autofreie Wegführung
**Achtung:** Am Rheinufer sind an Sonn- und Feiertagen sehr viele Spaziergänger, Skater und Radler unterwegs. Am Nachmittag muss man längere Wartezeiten an den Fähren in Kauf nehmen.
**Schwierigkeitsgrad:** leicht, auch für Kinder und Fahrradanhänger geeignet
**Sehenswürdigkeiten:** St. Clemens in Langel, alte Mühle in Godorf, Freizeitinsel Groov, Fachwerkhäuser und Museum Turmhof in Zündorf
**Einkehrmöglichkeiten:** zahlreich entlang der Strecke vorhanden (Gaststätten werden im Text erwähnt)
**Freizeiteinrichtungen:** Kombibad sowie Minigolf in Zündorf, Spielplatz und Bootsfahren in der Groov

## *Eine Rheintour für Einsteiger*

Diese Rundtour entlang des Rheins im Süden Kölns ist als Einsteiger-Tour gedacht. Schön ist, dass man sich selbst bei fehlender Ortskenntnis eigentlich nicht verfahren kann – es geht halt immer am Fluss entlang. Die Rheinuferwege zwischen Bonn und Duisburg sind seit 1998 als „Erlebnisweg Rheinschiene" mit einer speziellen Wegweisung versehen und außerdem mit genügend Info-Tafeln ausgestattet, an denen man Wissenswertes über die Flußlandschaft entlang des Rheins erfährt.

Wir starten von der Endhaltestelle der Stadtbahn in **Zündorf**, überqueren die **Wahner Straße** und biegen links in die **Houdainer Straße** ein. Weiter geht es über die Straße **Am Stumpfen Kreuz**, wo wir hinter der Siedlung rechts einbiegen müssen. Weite Felder sowie bei schönem Wetter eine Sicht auf das Siebengebirge begleiten uns auf dem Weg in Richtung Süden, wo wir nach einer Weile die **Porzer Straße** überqueren. An der nächsten Gabelung halten wir uns halbrechts, dann wieder rechts (**Auf der Mühle**), überqueren kurz danach die **Lülsdorfer Straße** (K 22) in Höhe des Wegkreuzes unter der Linde und radeln geradeaus weiter in die **Rheinbergstraße** nach **Langel**, wo wir links abbiegend den **Erleb-**

**Einkehr auf dem Rhein – Bootshaus Sürth**

**Da fehlt doch etwas! Die Mühle in Godorf**

**nisweg Rheinschiene** erreichen. Im Restaurant „Zur Tant" in der Rheinbergstraße kann man übrigens sehr gut essen, leider aber nicht ganz billig.

In einem weit nach Westen ausgreifenden Rheinbogen befindet sich die ehemalige Frankensiedlung **Langel**. Der Name deutet auf ein langes, ausgedehntes Auengebiet hin. Wahrzeichen des Ortes ist die von weitem erkennbare neugotische Kirche aus dem Jahr 1890. Ursprünglich befand sich hier bereits im 10. Jahrhundert eine Kirche, die vermögensrechtlich dem Grundherren des Fronhofes unterstand.

Auf dem Rheindamm des seit 1998 kreierten „**Erlebnisweg Rheinschiene**" lässt sich die Rheinauenlandschaft erleben und erfahren. Der einstige „Langeler Lido" bietet noch heute trotz Begradigung des Rheines idyllische Altarme, vor allem im Winter lassen sich hier viele Zugvögel beobachten, die im Uferbereich nach Nahrung suchen.

Noch zu Beginn des vorigen Jahrhunderts hatte Langel eine eigene Schiffsverbindung.

Der weitere Verlauf entlang des Rheins ist ausgeschildert und führt selbsterklärend weiter auf dem Rheindamm. In Höhe der Überquerung an der **Frongasse** muss jedoch aufgepasst werden! In **Lülsdorf** angekommen, geht es kurz vor dem Linksknick in Höhe der ehemaligen Burg Lülsdorf (heute Privatwohnung) am Zeichen „Personenfähre"

rechts die schmale Rampe zur Rheinpromenade herunter; von dort sind es noch etwa 400 m unmittelbar an der Rheinpromenade entlang bis zum Anleger der Fähre, mit der wir nun übersetzen.

Die 1975 zu Köln eingemeindete und ein Jahr später wieder ausgemeindete Stadt **Wesseling** wird ebenso wie der heutige kölner Stadtteil **Godorf** geprägt durch den Rhein. Ansonsten zeichnet sich die ehemals fränkische Siedlung heute durch Raffinerien der Konzerne Degussa, ROW und DEA aus.

Im Godorfer Hafen können bis zu acht Lastschiffe gleichzeitig be- und entladen werden. Pipelines verbinden die Raffineriewerke (u.a. Deutsche Shell AG) mit den Industriestandorten Ludwigshafen und Rotterdam. Inwieweit sich Pläne der Stadt Köln und der Häfen- und Güterverkehrbahn Köln AG durchsetzen werden, das Godorfer Hafengebiet zu erweitern (und dabei u.a. das wertvolle Naturschutzgebiet „Sürther Aue" zu opfern), bleibt abzuwarten; der Widerstand vieler Bürgerinitiativen jedenfalls ist enorm.

Schön ist das alte Windmühlengebäude in Höhe der Straßenbahnhaltestelle **Godorf,** es liegt direkt an der Route, leider fehlen ihr die Flügel.

Die **Sürther Aue** ist ein von Menschen geschaffenes Biotop. Ähnlich wie den Naturschutzgebieten Wahner Heide (Tour 5) und Kiesgrube

**St. Nepomuk in Zündorf**

**Blick auf die Freizeitinsel Groov**

Hornpottweg (Tour 6) fällt ihm eine sehr hohe Bedeutung zu; es wurde daher ebenfalls unter Naturschutz gestellt. Nach der Aufschüttung von Sanden beim Ausbau des Godorfer Hafens kümmerte sich zunächst niemand weiter darum, so konnte sich hier eine artenreiche Flora und Fauna ausbilden.

In **Wesseling** müssen wir beim Verlassen der Fähre rechts über die Rheinpromenade fahren bzw. schieben, da hier viel Rad- und Fußgängerverkehr auf einem schmalen Abschnitt ist. Am Anleger der KD fahren wir weiter links zur Straße hinauf und biegen auf diese rechts ein (**Kölner Straße**). Nach einer Weile folgt eine Halblinkskurve, später geht es der Radwegweisung folgend zuerst links und dann im Rechtsbogen auf die L 300 in Richtung **Godorf**.

➡ *Hier Anschlussmöglichkeit zur Tour 8 (Seite 86 ff)*

Wo heute bequem geskatet oder geradelt wird, nämlich auf den so genannten **Treidelpfaden** entlang des Rheins, musste früher harte Arbeit geleistet werden: Pferde oder Ochsen zogen die beladenen Kähne flussaufwärts, im Notfall wurden die Kähne – z.B. bei Niedrigwasser wegen der vielen Sandbänke – auch von Menschen gezogen. Eine moderne Brunnenskulptur vor dem Wesselinger Rathaus zeugt von diesem harten Los der damaligen Rheinschiffer.

**Die Fähre bringt uns sicher über den Rhein**

Hinter der Unterführung mit den Rohren der Raffinerien müssen wir nun rechts der Wegweisung folgen; es geht im spitzen Winkel zuerst rechts, dann nach links über die Straßenbahngleise. Vor uns liegt das **Naturschutzgebiet Sürther Aue**. Wir halten uns zuerst rechts, dann links und fahren nun am Rheinufer entlang. An der nächsten Gabelung fahren wir rechts und in der Folge weiter entlang der Wegweisung am Rheinufer, vorbei am Sürther Bootshaus (Einkehrmöglichkeit) bis in Höhe von **Weiß**. Hier setzen wir mit der Fähre über nach **Zündorf** über.

**Im idyllischen Zürndorf**

In Zündorf gelangt man nach wenigen Metern auf die **Freizeitinsel Groov**, das Porzer Ausflugsziel Nummer 1, auf einer ehemaligen Sandbank am Rhein gelegen. Entsprechend frequentiert sind bei schönem Wetter sämtliche Wege, Plätze und Lokale.

Im Gegensatz zum damals unbedeutenden Porz war **Zündorf** bereits im Mittelalter ein bedeutender Umschlagplatz; hier wurden die Waren von den Schiffen abgeladen und auf dem Landweg nach Mülheim gebracht, um das Kölner Stapelrecht sowie seine hohen Zölle zu umgehen. Erst mit der Wiener Konvention von 1815 fiel dieses Stapelrecht. Die gepflegten, alten Fachwerkhäuser weisen noch heute auf den Wohlstand der Zündorfer hin, die sich ihre Dienste damals gut bezahlen ließen.

Das Wahrzeichen von Zündorf ist der Hl. Nepomuk, der mitten auf dem Platz vor dem gleichnamigen Wirtshaus steht. Er ist der Schutzpatron der Fischer. Dass der Rhein mit seinen **Hochwasser** den Zündorfern trotz mobiler Spundwand noch heute Probleme bereitet, bezeugen Hochwassermarken am Wirtshaus Nepomuk.

Außerdem sehenswert sind die vielen **denkmalgeschützten Fachwerkbauten** (**Kulturpfad Zündorf** mit Erläuterungen) sowie das **Museum Turmhof** (13. Jahrhundert) mit Dauerausstellung zur Ortsgeschichte, das sich ca. 200 m nördlich befindet.

Wir fahren oder schieben das Fahrrad die **Burggasse** bergauf und biegen dann rechts auf die **Hauptstraße** ein, wobei wir auf den Straßenverkehr achten müssen. Nach 100 m folgen wir links der Radwegweisung in die **Houdainer Straße**, um kurz danach an der Ampel die **Schmittgasse** zu überqueren. Hinter der Schule biegen wir links in den **Gartenweg** ein. Vor uns liegt nun die **Straßenbahn-Endhaltestelle Zündorf**, unser Zielpunkt der Rundtour.

➡ *Hier Anschlussmöglichkeit zur Tour 3 (Seite 34 ff)*

Start / Ziel
Zündorf
Sürth
Godorf
Langel
Lülsdorf
Hafen Köln-Godorf
L 300
K 22
678
677
676
675
674
673
672
671
670
669
668
N
1 km

Pflasterhof
Leinpfad
677
Personenfähre
Zündorfer
Bucht
Untere Groov
Obere Groov
Leinpfad
In der
Rosenau
Turmhof
Turmhofstr.
Im Rosenwinkel
Am Courtsgarten
Gütergasse
Hauptstr.
Am Alten Brauhaus
Elsdorfer
Am Markt
Enggasse
Marktstr.
Burgweg
Kirchstr.
Kp.
K.
Alte Gasse
Tenn. Pl.
Mellerhof
Bad
Unterm Berg
Van-Kempen-Str.
West-
feldgasse
Schmittgasse
Neuhofersgäßch.
Keimergasse
Evezastr.
Start / Ziel
Sch.
Wahner Str.
Houdainer Str.
Tölmesgasse
Alte Apotheke
Am Theise
Comenius-weg
Albert-Tobias-Weg
Schwester-Firma-Weg
Trankgasse
Olefshof
Olefsgasse
Peterierweg
Klost.
Kp.
Hinter dem Heckelsberg
An der Wielermaar
Zum Stumpfen
Franz-Schaaf-Str.
Alfons-Kafka-Str.
Joh.-Beck.-Schäfer-Str.
Wilh.-Warsch-Str.
Schmittgasse
Hauptstr.

# Tour 8: Rhododendron in Rodenkirchen ...

**Start und Ziel:** Park & Ride-Platz an der Straßenbahnhaltestelle Heinrich-Lübke-Ufer (Linie 16)
**Länge der Tour:** 23 km
**Streckenprofil:** flach; Wege asphaltiert bzw. gut befahrbare Feld- und Waldwege; größtenteils autofreie Wegführung
**Schwierigkeitsgrad:** leicht, auch für Kinder und Fahrradanhänger geeignet (eine kritische Stelle für Kinderanhänger in Godorf an einem Drängelgitter!)
**Sehenswürdigkeiten:** Forstbotanischer Garten in Rodenkirchen, St. Servatius in Immendorf, alte Mühle in Godorf, alter Ortskern in Sürth, „Rodenkirchener Riviera“, Rheinpanorama in Rodenkirchen
**Einkehrmöglichkeiten:** zahlreich entlang der Strecke vorhanden (Gaststätten werden im Text erwähnt)
**Freizeiteinrichtungen:** Spielplatz und große Liegewiese am Forstbotanischen Garten in Rodenkirchen, Spielplatz am Sürther Rheinufer, Minigolfplatz am Campingplatz bei Rodenkirchen

## ... und Sürling in Sürth

Ein besonderes Highlight auf dieser Tour ist der Forstbotanische Garten in Rodenkirchen; wer mit dem Auto anreist, kann auch am dortigen großen Parkplatz diese Radtour beginnen. Im Innenbereich des Gartens darf jedoch nicht geradelt werden, die Kräfte dafür hebt man sich sinnvollerweise für die folgende und von den einzelnen Ortsteilen her recht kontrastreiche Tour im Süden Kölns auf.

Wir starten am Park & Ride-Platz an der Straßenbahnhaltestelle **Heinrich-Lübke-Ufer** in Höhe der Rodenkirchener Brücke. Durch das Drängelgitter geht es zuerst über die Gleise, dann fahren wir den Militärring-Radweg ein Stück entlang, um an der nächsten Abzweigung links einzubiegen. Die Tour verläuft vorbei an einer Kleingartenanlage; am Wegende müssen wir dann scharf rechts abbiegen, die nächste Straße überqueren und über einen schmalen Pfad weiterfahren.
Der Weg führt links in den Wald hinein und macht dort einen Rechtsknick, an der Ruhebank halten wir uns links, dann rechts, um an der nächsten Kreuzung die Straße zu überqueren. Wir fahren nun links auf dem rechtsseitigen Rad-/Gehweg weiter unter der Autobahn hindurch

**St. Maternus – Wahrzeichen von Rodenkirchen**

**Lichtspiele im Forstbotanischen Garten**

bis zur nächsten Kreuzung; diese überqueren wir und folgen dem Pfad mit dem Hinweis „Forstbotanischer Garten“. Nach einer Weile stoßen wir an die Umzäunung des **Forstbotanischen Gartens**, der an der kommenden Gabelung einen Eingang hat (Westeingang; keine Fahrräder erlaubt!).

Mit 25 ha Fläche gehört der **Forstbotanische Garten** zur bedeutendsten und gleichzeitig beliebtesten Kölner Grünanlage. 1964 eröffnet, trifft man neben einheimischen Gehölzen sehr viele Fremdgewächse aus anderen Kontinenten bzw. aus vergangenen Vegetationsperioden an. Neben den ca. 2.000 Laubgehölzarten und ca. 500 Nadelhölzern fällt vor allem der mit ebenfalls 500 Arten vertretene Rhododendron im Zentrum der Anlage (Rhododendron-Schlucht) ins Auge. Hier gedeihen auf den Ruinen des ehemaligen Forts von 1873 Rhododendron-Arten, die ansonsten nicht winterresistent sind.

Kalifornische Mammutbäume im Südosten der Anlage vermitteln noch heute eine Vorstellung, wie zum Ende der so genannten Braunkohlezeit (also weit vor der ersten Eiszeit) weite Waldbestände ausgesehen haben mögen.

Wir fahren rechts um den **Forstbotanischen Garten** herum, biegen links ein, und fahren später wieder links; vor uns befindet sich eine weitläufige Wiese mit Spielplatz. Anschließend verläuft unsere Radtour

weiter geradeaus bis zum Parkplatz und hinter der Ausfahrt rechts hinein in die **Schillingsrotter Straße**, die für den Autoverkehr gesperrt ist. Um die Schranke herum gelangen wir auf dem **Judenpfad** in den Nobelvorort **Hahnwald**. Wir verlassen an der nächstgrößeren Gabelung den Judenpfad und biegen rechts in die Straße **Am Stiftswäldchen** ein, später biegen wir dann noch einmal rechts in den **Hahnwaldweg** ab.

Der Ortsteil **Hahnwald** ging schon des öfteren durch die Schlagzeilen vor allem der Boulevard-Blätter, da hier – meterhohe Mauern und Zäune verraten es – die großen Villen für potenzielle Diebe immer wieder eine Herausforderung darstellen. Bekannt wurde der Hahnwald schließlich nach einer Einbruchs- und Verbrechensserie zu Beginn der 90er Jahre durch die Aufstellung des ersten privaten Wachdienstes bundesweit.

Am Siedlungsende fahren wir nun links auf dem dortigen Radweg weiter, in Höhe der China Silk Company biegen wir rechts ab und fahren unter der Autobahn hindurch; vor uns liegt nun **Rondorf**. Wir folgen dem Verlauf der Hauptstraße in den Ort hinein und fahren an der dritten Straße links in den **Sperberweg** hinein. Auf diesem radeln wir weiter in Fahrtrichtung bis zum Wegende in Höhe eines Kindergartens, dort biegen wir links ab, am Ortsausgang noch einmal links in den Feldweg **Am**

**Willkommen in Immendorf**

**Schon von weitem zu sehen – St. Servatius in Immendorf**

**Kirchberg**; in Höhe des Friedrichshofs geht es rechts ab, danach geradeaus bis in den Stadtteil **Immendorf**.

Von weitem erkennbar liegt die Kirche **St. Servatius** auf einer Anhöhe über dem alten Ort Immendorf, auf dem Heidenberg (heute: **Kirchberg**). Ursprünglich am Rande einer alten Rinne des Rheins (Urrhein) gelegen, prägten regelmäßige Hochwasser bis weit in die 1920er Jahre hinein die Gegend. Urkundlich erstmals erwähnt wurde der Ort im Jahre 948 n. Chr., angeblich steht die Kirche auf einem alten fränkischen Siedlungshügel.

Eine mehrere hundert Jahre währende Tradition im Ort hatte neben der bis heute prägenden Landwirtschaft der **Weinbau**, der vom 14. bis ins 19. Jahrhundert beurkundet ist.

Das Weingut Bitzerhof, ein alter Bauernhof, beherbergt heute ein Nobelrestaurant mit entsprechend noblen Preisen.

Die Route führt an der Kreuzung weiter geradeaus in die **Berzdorfer Straße**, eine für den Radverkehr durchlässige Sackgasse. Hinter der Kiesgrube halten wir uns links, rechter Hand liegt das Gelände der Firma ROW. Wir radeln weiter nach **Godorf** hinein, um dort am Ende der Straße erst rechts, dann sofort wieder links in den Weg **An der alten Mühle** einzubiegen. Über die Fußgängerüberführung müssen wir das Fahrrad schieben, am Ende geht es dann links die Rampe hinunter. Hinter dem Drängelgitter fahren wir links weiter.

Wir stoßen auf die Wegweisung des **Erlebnisweges Rheinschiene**, der wir nun folgen (siehe auch Tour 7). An der Gabelung am Rheinufer entscheiden wir uns für die rechte Möglichkeit und radeln am **Leinpfad** entlang bis **Sürth**. Dort verlassen wir links den Radweg am **Rheinufer** und fahren in den Ort hinein, wo wir die **Sürther Hauptstraße** mit ihren zahlreichen Einkehrmöglichkeiten überqueren.

Der heutige Kölner Vorort **Sürth** war bereits in römischer Zeit besiedelt, eine regelmäßige Ansiedlung bildete jedoch erst der Hof-Verband um den Fronhof. Die flussnahe Lage sowie der lehmige Boden waren bereits damals Grundlage der Besiedlung, da neben Fischfang auch Ackerbau betrieben werden konnte. Der Name Sürth ist althochdeutschen Ursprungs und deutet auf einen trockenen, nicht versumpften Ort hin. Schon deshalb gilt

**Konfliktfall Sürther Aue – Naturschutz contra Hafenerweiterung**

Sürth bis heute als bevorzugter Wohnsitz – im Gegensatz zu Rodenkirchen, wo das regelmäßig auftretende Hochwasser bis in die Ortsmitte hinein schon manche Existenz vernichtet hat.

Alte Hofnamen wie z. B. der **Keltershof** deuten auf eine im Mittelalter – ebenso wie in Immendorf – anzutreffende **Weinbaukultur** hin. Waren es ursprünglich Römer, die den Wein zur Selbstversorgung anbauten, so zeugen Aufzeichnungen ab 1250 von einem Weinanbau im größerem Ausmaß. So gab es einen „Wingaertz-Hof“, später bekannt als das „große Kelterhauß zu Suerdt“, dessen Besitzer die im Bergischen liegende Abtei Altenberg war. Über die Mülheimer Fähre wurde der Rebensaft aus Sürth nach Altenberg transportiert.

Die Gegend in und um Köln galt damals als „Weinhaus der Hanse“ und als der bedeutendste **Weinumschlagsplatz** nördlich der Alpen. Bekannte Weinmarken waren der „Sürther-Mönchsgüter-Riesling“ oder die „Rodenkirchener-Karthäusergarten-Spätlese“. Demnach erinnert der Name

„Sürling" nicht nur an Sürth, sondern auch an den „soore Hungk" oder „sauren Hund", eine nicht gerade liebevolle Bezeichnung für den herben Geschmack des hier angebauten Weines.

In Höhe der Firma Linde AG biegen wir rechts in den **Grünen Weg** ein und radeln nun geradeaus über die Felder weiter bis **Weiß**. Dort biegen wir links auf die **Weißer Straße** ein, müssen dabei aber auf die schlecht abgesenkte Bordsteinkante aufpassen. Weiter geht es rechts in den **Fuchskaulenweg** hinein, danach radeln wir in Fahrtrichtung geradeaus bis zum Rheinradweg weiter; in Höhe des Thailändischen Restaurants bzw. am Campingplatz halten wir uns links, folgen der Wegweisung immer am Rhein entlang und radeln auf dem **Rodenkirchener Leinpfad** weiter.

Ebenso wie Sürth und Weiß verdankt **Rodenkirchen** seine Existenz und seine schon damals bevorzugte Lage den Römern, diese bauten bereits Herren- und Handelshäuser entlang der Straße von Köln nach Trier. Geprägt wurde der Ort später durch den Fischfang, die Schifffahrt und den Ackerbau. Da es damals noch keine Dampf- oder Motorschiffe gab, wurden die Kähne mit Pferden oder Ochsen gezogen (getreidelt); eine wichtige **Treidelstation** zwischen Köln und Wesseling war in Rodenkirchen das noch heute bestehende Haus „**Zum Treppchen**"; hier wechselte man bis weit ins 19. Jahrhundert hinein die Pferde, und hier lösch-

**Die „Alte Liebe" vor dem Brand – demnächst im neuen Glanz**

Hier trafen sich früher die „Treidler"

ten die Treidelknechte ihren Durst. Auch heute kann man im Treppchen seinen Durst löschen, aber man leistet sich den Luxus kein Kölsch zu servieren!

Heute ist das Rheinufer in und um **Rodenkirchen** (auch bekannt als „**Rodenkirchener Riviera**") sowohl für Eingesessene als auch für „Kölner" ein beliebtes Naherholungsziel. Zahlreiche Spielplätze, Strandbuchten, aber auch Ausflugslokale zu Lande und auf dem Fluss laden zu einer Rast ein. Die Info-Tafeln entlang des Erlebnisweges Rheinschiene informieren den interessierten Radler über die Bedeutung Rodenkirchens am Rhein.

Nun ist es nicht mehr weit bis zu unserem Ausgangspunkt. Die am Rheinufer etwas höher gelegene Martinus-Kapelle sowie der Blick auf das bekannte Gaststättenschiff „Alte Liebe" und der Blick auf die Kölner Altstadt sollen noch als letzte Eindrücke der Tour zurückbleiben, bevor wir noch ein kurzes Stück unter der **Rodenkirchener Brücke** hindurchfahren, um am Marienburger Gaststättenschiff der Wegweisung „Brücke" links die Rampe herauf zu folgen. Hier gelangen wir zu unserem Ausgangspunkt, dem Park & Ride-Platz an der Straßenbahnhaltestelle **Heinrich-Lübke-Ufer**.

➡ *Hier Anschlussmöglichkeit zur Tour 9 (Seite 96 ff)*

Tour 8
RODENKIRCHEN
Westhoven
Poll
Start/Ziel
Marienburg
Sürth
Hahnwald
Godorf
Giesdorf
Hochkirchen
Forstbotanischer Garten
Friedenswäldchen
RHEIN
1 km
N
K 30
K 28
L 300
L 150
L 186
L 92
A 555
Bonner Landstr.
Godorfer Hauptstr.
Golfplatz
Hafen Köln-Godorf

# Tour 9: Auf den Spuren der Preußen

9

**Start:** Park & Ride-Platz an der Straßenbahnhaltestelle Heinrich-Lübke-Ufer (Linie 16)
**Ziel:** S-Bahnbahnhof Köln-Longerich (S 11)
**Länge der Tour:** 25 km
**Streckenprofil:** flach; viele Waldwegabschnitte; größtenteils autofreie Wegführung
**Schwierigkeitsgrad:** leicht, für Kinder und Fahrradanhänger nur bedingt geeignet. Wegen der zahlreichen Waldwegabschnitte empfiehlt sich ein Trekking- oder ein Mountainbike.
**Sehenswürdigkeiten:** mehrere Forts und Zwischenwerke entlang der gesamten Route, Kulturdenkmal röm. Grabkammer, Haus Belvedere in Junkersdorf
**Einkehrmöglichkeiten:** Haus am See (Decksteiner Weiher), sowie in Müngersdorf und Bocklemünd
**Freizeiteinrichtungen:** Rudermöglichkeit am Kahnweiher, Minigolf und Rudermöglichkeit am Decksteiner Weiher, Sportanlagen und Freibad am Stadion, Spielplatz und Liegewiese im Nüssenberger Busch bei Mengenich

## *Im linksrheinischen Grüngürtel*

Die Tour durch den linksrheinischen Grüngürtel ist gleichzeitig eine Tour von Fort zu Fort – so viele Festungsbauwerke und –gräben liegen an dieser Route. Die Besichtigung der ehemaligen Festungsbauwerke ist nicht immer problemlos möglich und geschickt auf eigene Gefahr. In einigen Bereichen muss mit hohem Fußgängeraufkommen gerechnet werden, so vor allem in Höhe des Decksteiner Weihers sowie am Aachener Weiher.

Die Rheinmetropole Köln ist – im Gegensatz zu den allermeisten Großstädten – in der beneidenswerten Lage, mehrere Grüngürtel zu besitzen, die jeweils fast die gesamte Innenstadt und die Vororte von Marienburg im linksrheinischen Süden bis hin nach Merkenich im linksrheinischen Norden umschließen. Der **Äußere Grüngürtel** entstand auf den Flächen des ehemaligen Festungsgürtels aus der Preußenzeit. Der damalige Oberbürgermeister Konrad Adenauer realisierte zusammen mit dem Gartenbauarchitekten Fritz Encke seine Pläne, für Köln eine grüne Lunge zu schaffen und die ehemaligen Bauwerke aus der Preußenzeit in das Nutzungskonzept zu integrieren. Die in der Zeit

**Am Decksteiner Weiher im Stadtwald**

**Vom Schießstand zur Flaniermeile – Gartenanlage an einem alten Fort**

von 1803 bis 1881 angelegten **Preußischen Festungsanlagen** (Forts) mitsamt ihres 600 m stadtauswärts gelegenen Verteidigungsgrabens bestanden insgesamt aus zwölf Festungsanlagen, 23 kleineren Zwischenwerken sowie zahlreichen kleineren Werken. Zu Beginn des ersten Weltkrieges befanden sich auf den 42 km rund um Köln insgesamt 182 Werke; Köln war somit eine der größten und mächtigsten Festungen. Diese mussten laut Versailler Vertrag nach 1919 geschleift (= zerstört) werden. Die Umgestaltung bzw. Integration in „Grüne Forts“ entspricht demnach einer typisch kölnischen Lösung, die ihresgleichen sucht. Selbst das innere und das äußere Schussfeld wurde von Bebauung freigehalten.

Ausgangspunkt dieser Tour ist der Park & Ride-Platz an der Straßenbahnhaltestelle **Heinrich-Lübke-Ufer** am Rhein. Wir folgen der Wegweisung entlang der **Militärringstraße** und gelangen nach wenigen Metern zu einer imposanten Fortanlage, dem **Zwischenwerk VIII b.**

Das Zwischenwerk ist Teil des Kulturpfades Rodenkirchen. Es wurde 1876 fertiggestellt, überstand weitgehend die Schleifung und ist wohl eine der best erhaltensten Zwischenwerke im Grüngürtel. Bei seiner Umgestaltung wurde die Oberfläche des Kasernenbaus eingeebnet; heute kann man auf dieser planierten Fläche durch einen geometrisch gegliederten Ziergarten flanieren.

Auf dem breiten Radweg geht es weiter entlang des Äußeren Grüngürtels, später müssen wir die Straße **Am Forstbotanischen Garten** überqueren, danach geht es in Fahrtrichtung geradeaus weiter. Links liegt der Rodenkirchener Golfplatz, wo sich einst **Fort VIII** befand.

Vor dem **Bonner Verteiler** (Kreisel) müssen wir uns links halten und unter der Autobahn hindurch fahren, um danach vorsichtig die Straße **Im Wasserwerkswäldchen** zu überqueren. An der zweiten Wegkreu-

**Alte Forts – einst wehrhaft, heute zauberhaft**

Der Decksteiner Weiher lädt zu einer Rast ein

zung biegen wir rechts ab und fahren in den Wald hinein, überqueren den Radweg und danach vorsichtig den stark frequentierten **Militärring**. Am nächsten Weg biegen wir links in eine Allee ein.

Im Bereich der Grünanlage (**Raderthaler Volkspark**) befinden sich rechts Erdwälle, hinter denen die einstigen **Pulvermagazine** lagen. Diese in ausreichendem Abstand voneinander errichteten Gebäude waren in Erdwälle eingebettet – zum Schutz vor möglichen Explosionen.

Am Ende des Parkweges geht es links in die **Eckdorfer Straße**, in der nun folgenden Rechtskurve biegen wir links ein, überqueren wieder den Militärring und fahren rechts auf dem Radweg weiter. Später überqueren wir die **Brühler Landstraße** und folgen der Wegweisung in Richtung Stadion; in Höhe des **Obereren Komarweges** überqueren wir die Straße.

Um zum nächsten Fort zu gelangen, folgen wir dem Hinweis-Schild der Deutschen Bahn und benutzen den ersten Weg links; nach wenigen Metern liegt **Fort VII** vor uns.

Von dieser Festungsanlage ist nur ein Teil erhalten geblieben, der vorgelagerte Graben ist dagegen mit Erde aufgefüllt.

Es geht zurück zur Kreuzung, wo wir weiter den Radweg entlangradeln. Die Tour geht weiter unter der Eisenbahnbrücke hindurch, an der nächsten Kreuzung in Höhe des **Unteren Komarweges** halten wir uns leicht links und fahren der Wegweisung folgend rechts weiter, anschließend überqueren wir die **Luxemburger Straße** und die Straßenbahngleise, um danach links der Radwegweisung in Richtung Stadion zu folgen.

Anschließend müssen wir die **Berrenrather Straße** passieren, ein Stück geradeaus weiterfahren und hinter dem ersten Sportplatz links abbiegen. Vorbei geht es am Vereinsheim des 1. FC Kölns, das auf den Resten des ehemaligen **Zwischenwerks VI b** errichtet wurde; dort halten wir uns rechts, um hinter dem Vereinsheim links abzubiegen. Wir benutzen anschließend den Weg parallel zum Uferweg des **Deck-**

**steiner Weihers** rechts, um nicht den vielen Fußgängern ins Gehege zu kommen, die an schönen Tagen den Uferweg bevölkern. Weiter geht es in Fahrtrichtung geradeaus, wir überqueren kurz danach vorsichtig die **Gleueler Straße**, anschließend benutzen wir den ersten Weg rechts, der links hinunter zum **Fort VI** führt. Hier lassen wir uns herunterrollen und fahren rechts durch den Torbogen der Fortanlage hindurch, später geradeaus weiter, um nach ca. 50 m links abzubiegen.

**Fort VI** gehört zu den besser erhaltenen Anlagen, die heute von einem Sportverein genutzt werden. Die in den 70er Jahren errichteten Oberbauten stören jedoch das Gesamtbild des ansonsten imposanten Bauwerkes. In der Hofdurchfahrt weisen Info-Tafeln sowie Übersichtskarten auf die Bedeutung, Funktion sowie die Geschichte des Grüngürtels und des Forts hin.

Die Route verläuft immer weiter auf dem Waldweg parallel zur **Militärringstraße** und stößt in Höhe des Decksteiner Weihers auf die **Bachemer Landstraße**.

➡ *Hier Anschlussmöglichkeit zur Tour 10 (Seite 108 ff)*

Im weiteren Verlauf müssen an einer engen Stelle die Straßenbahngleise überquert werden, anschließend geht es weiter über die **Dürener**

**Der Grüngürtel – er ist nicht immer grün**

**Straße** hinweg. In den zweiten Waldweg biegen wir schräg links ein, an der Baumgruppe mit den Ruhebänken halten wir uns wieder schräg links und radeln auf den **Adenauer Weiher** zu, den wir nun links umfahren.

➡ *Hier Anschlussmöglichkeit zur Tour 11 (Seite 118 ff)*

Am Ende des Weihers radeln wir weiter geradeaus und rechts an der **Jahnwiese** vorbei, überqueren anschließend die **Junkersdorfer Straße** und fahren rechts am **Fußballstadion** des 1. FC Köln vorbei. Kurze Zeit später biegen wir links in den **Olympiaweg** ein, dann in die zweite Straße rechts, den **Pater-Günther-Weg**, hinein. Danach müssen wir die Aachener Straße überqueren und weiter auf dem **Walter-Binder-Weg** weiter fahren. Linker Hand befinden sich Fußballplätze auf dem ehemaligen Gelände des **Fort V**., das 1962 – wie andere Fort-Anlagen auch – abgerissen werden musste. Zu lange standen diese Gebäude leer und zu hoch waren die Kosten für deren Unterhalt. Eine Gedenktafel weist auf die Bedeutung des Forts als Judenlager im 2. Weltkrieg hin.

Am Ende der Kleingartenkolonie fahren wir links über die Bahnlinie Köln – Aachen, die in der jüngsten Vergangenheit ausgebaut wurde. In Höhe von **Haus Belvedere**, das 1839 erbaut wurde und lange als Bahnhofsempfangsgebäude diente, liegt heute, parkähnlich in einen Platanenbestand eingebettet, das **Zwischenwerk V a** (an der Waldschule). Dieses wurde 1925 in eine so genannte Freiluft- und Gartenschule umgewandelt. Weiter geht die Route über die **Belverderestraße**, wo wir der Radwegweisung in Richtung Bocklemünd folgen. Hinter dem Wald fahren wir links auf dem Radweg neben der Straße weiter und überqueren den **Mittelweg**, um kurz dahinter wieder auf die Fahrbahn zu gelangen. Nun geht es eine ganze Weile immer geradeaus weiter; die Straße heißt hinter der Pflanzenzuchtanstalt des **Max-Planck-Instituts** wenig später **Vogelsanger Weg**.

In Höhe des ehemaligen Bahnhofs Köln-Bocklemünd müssen wir nun die **Freimersdorfer Straße** überqueren, dort links auf dem Radweg weiter fahren und in die nächste Straße rechts abbiegen, um nach wenigen Metern vor **Fort IV** zu stehen.

Auch hier ist nur ein Teil erhalten geblieben und wird, zwischenzeitlich mehrfach saniert, als Abstellraum von Bauhöfen genutzt.

Die Fahrt geht nun wieder zurück und links auf dem Radweg der **Freimersdorfer Straße** weiter über die Bahngleise und über die **Venloer Straße** hinüber. Anschließend fahren wir der Vorfahrtsstraße links folgend auf der **Grevenbroicher Straße** in den alten Ortskern von **Bocklemünd**.

Im weiteren Verlauf der Tour auf der Mengenicher Straße geht es jetzt weiter geradeaus durch die **Untere Dorfstraße**, anschließend rechts in den **Ransenbergweg** hinein und sofort wieder links in den **Ingendorfer Weg**.

➡ *Hier Anschlussmöglichkeit zur Tour 13 (Seite 136 ff)*

Am Ende des Weges biegen wir rechts in den **Buschweg** ein, der in einer Tempo-30-Zone liegt, folgen diesem bis zur Straße **Am Hufenpfädchen** und biegen dort links auf den Radweg ein.
Rechts liegt auf dem Gelände der heutigen Waldschule in unmittelbarer Nähe zum Militärring das im Wesentlichen noch erhalten gebliebene und bis weit in die Zeit nach dem Zweiten Weltkrieg als Waldschule genutzte Gebäude des **Zwischenwerkes III b**.
Nach 500 m im Bereich der Linkskurve biegen wir rechts ein und fahren weiter über einen schmalen Wiesenweg parallel zur Autobahn. Rechts im Waldstück befand sich das **ehemalige Fort III.**
Das etwa 19 ha große Areal des **Nüssenberger Busches** wurde von der Stadt Köln erworben und als Landschaftsschutz- und Erholungsgebiet gestaltet. Linksrheinisch befindet sich hier der einzige Altwaldbestand, der in den Grüngürtel einbezogen wurde. Kurz vor Erreichen der Johannesstraße weist uns ein detaillierter Landschafts- und Biotop-

**Schöne Aussichten – Haus Belvedere**

**Große Wiesen laden zum Picknick ein**

Plan auf die Bedeutung und Funktion dieses Landschaftsraumes hin. Die **Johannesstraße** müssen wir schräg links überqueren, um dann um eine enge Schranke herum weiter auf dem schmalen Wiesenweg entlang zu fahren. An dessen Ende biegen wir rechts ein, wo es nun auf einem schlechten Abschnitt bis zum Radweg am Militärring weitergeht. Nun ist es nicht mehr weit bis zum Ziel: Nach Erreichen des **Militärrings** geht es links auf dem straßenbegleitenden Radweg weiter, danach unter der Autobahn hindurch; kurze Zeit später müssen wir die Kreuzung am **Lindweilerweg** überqueren und auf der anderen Straßenseite des Militärrings weiterfahren.

Rechts hinter der DB-Unterführung liegt der **S-Bahnbahnhof Köln-Longerich**. Von hier gelangt man mit der S-Bahn am Wochenende im 30-Minuten-Takt in die Kölner Innenstadt.

**Anmerkung:**

Diese Tour ist sinngemäß entnommen aus dem Flyer ***Mit dem Fahrrad durch Köln – Auf den Spuren des preußischen Kölns***, Hrsg.: Stadt Köln , 1999

**Hinweise zur Besichtigung der Fortanlagen:**

Die Besichtigungs- und Erkundungsmöglichkeiten einiger Festungswerke sind wegen des Denkmalschutzes bzw. aufgrund der privaten Nutzung nur bedingt und sehr eingeschränkt möglich. Einige Forts weisen Info-Tafeln auf, entweder als Teil verschiedener städtischer Kulturpfade oder aufgrund sonstiger privat gestifteter Hinweis-Tafeln.

Da viele Festungsanlagen in der Vergangenheit geschleift wurden, können deren Reste nur noch teilweise besichtigt werden – auf eigene Gefahr. Eine zentrale Objektverwaltung für diese Anlagen gibt es – leider – nicht.

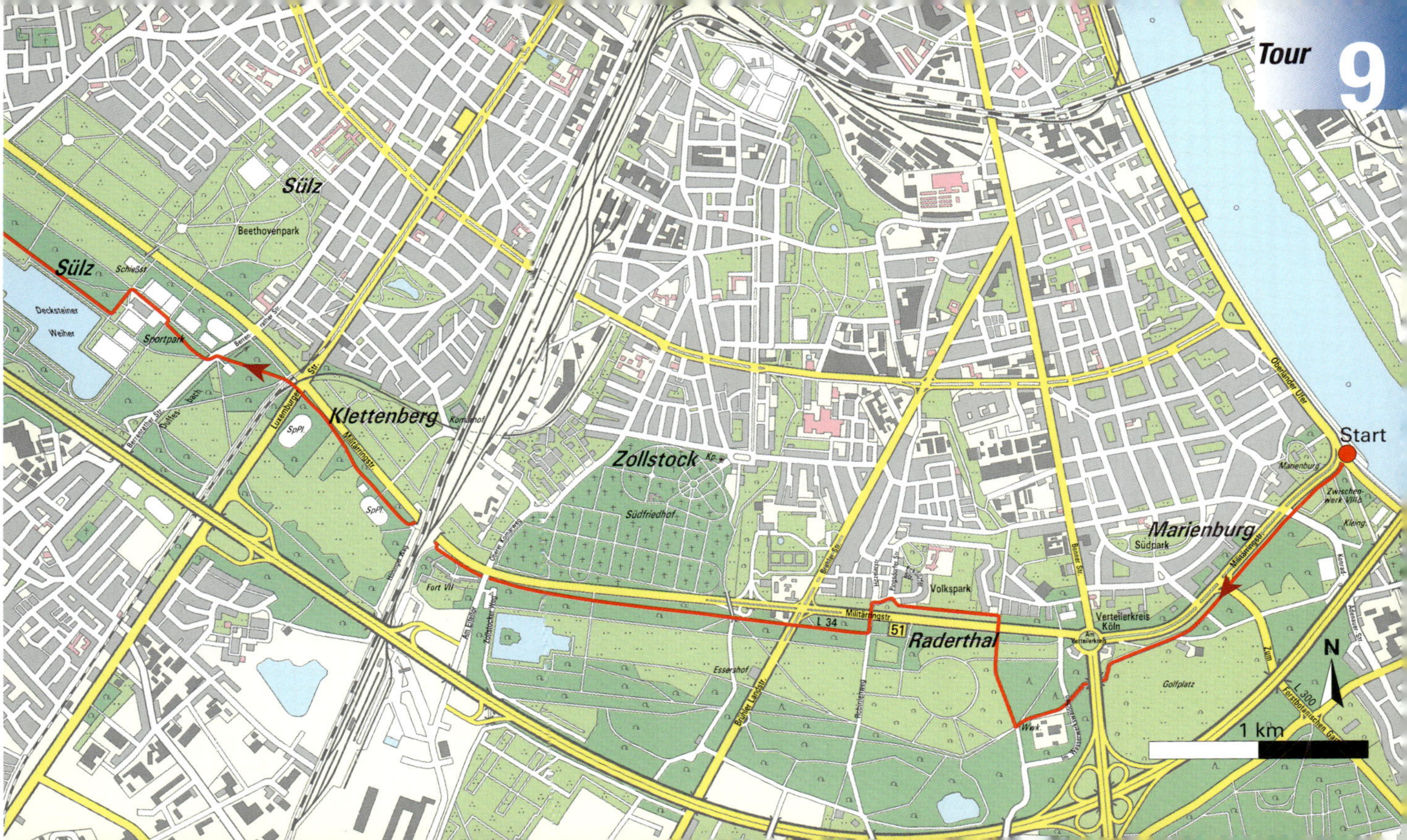

Tour
9
Start
Sülz
Sülz
Beethovenpark
Decksteiner
Weiher
Sportpark
Klettenberg
Luxemburger Str.
Militärringstr.
Zollstock
Südfriedhof
Fort VII
Marienburg
Marienburg
Südpark
Zwischenwerk VIIIb
Oberländer Ufer
Militärringstr.
Volkspark
Raderthal
L 34
51
Verteilerkreis Köln
Bonner Str.
Brühler Landstr.
Essershof
Golfplatz
L 300
N
1 km

Stadt-wald
L 34
Militärringstr.
Dürener Str.
264
Aachener Str.
55
Müngersdorf
Müngersdorfer Stadion
Adenauer-weiher
Decksteiner Weiher
Frechener Bahn
Bachemer Landstr.
Junkersdorfer Str.
Heinrich-Stevens-Weg
Jakob-Zündorf-Weg
Olympiaweg
Oskar-Rehfeldt-Weg
Peter-Günther-Weg
Rad-rennbahn
Carl-Diem-Weg
Reithalle
Will-Schwarz-Weg
Walter-Binder-Weg
Belvederestr.
Gartenschule
Gerh.-Marcks-Weg
An der Eisenbahn
Sport-plätze
Fort VI
K 3
Gleueler Str.
N
1 km

# Tour 9

Ziel
Köln-Longerich
Kiesweg
K 10
Lindweilerweg
A57
L 34
L 93
Militärringstr.
A1
Nüssenberger Busch
Mengenich
Militärringstr.
Fort IV
Bocklemünd
Fettenhof
Fettenweg
Gut Vogelsang
Max-Planck-Institut
Ingendorfer
Mengenicher Str.
Micheisweg
Buschweg
Am Hufeisenbachen
Schaffrathsgasse
Weiherhof
Arnoldshof
Vogelsanger Weg
N
1 km

# Tour 10: Klerus und Handel

**Start und Ziel:** Parkplatz am „Haus am See“, Nähe Decksteiner Weiher an der Bachemer Landstraße bzw. Straßenbahnhaltestelle Stüttgenhof (Linie 7)
**Länge der Tour:** 27 km
**Streckenprofil:** anfangs flach, von Frechen-Bachem bis Hürth-Kendenich hügelig; einige Feld- und Waldwegabschnitte; größtenteils autofreie Wegführung
**Schwierigkeitsgrad:** eher schwer, für Kinder und Fahrradanhänger nur bedingt geeignet. Wegen der Feld- und Waldwegabschnitte sowie wegen der Steigungen empfiehlt sich ein Trekking- oder ein Mountainbike.
**Sehenswürdigkeiten:** sehr viele gut erhaltene Burganlagen, Reste der röm. Wasserleitung Eifel – Köln
**Einkehrmöglichkeiten:** in den Ortsteilen Gleuel, Hürth, Hermülheim, Efferen, sowie Haus am See
**Freizeiteinrichtungen:** Otto-Maigler-See in Hürth-Burbach, Rudermöglichkeit und Minigolf am Decksteiner Weiher

## *Burgen im Linksrheinischen*

Diese Tour ist für Radler gedacht, die ein wenig Kondition mitbringen, da es einige Steigungen zu bewältigen gilt. Los geht`s vom **Parkplatz im Grüngürtel** am nördlichen Decksteiner Weiher (Haus am See). Vom Parkplatz biegen wir links in die Bachemer Landstraße ein und folgen dieser weiter geradeaus. Am Waldende fahren wir um eine Schranke herum, weiter geht´s immer geradeaus.
Wer mit der Straßenbahn anreist, steigt an der Haltestelle **Stüttgenhof** aus, überquert die Gleise und fährt dann rechts auf der **Bachemer Landstraße** weiter.

Das im Mittelalter dominierende Herzogtum Jülich bestimmte weitgehend die Geschicke von Köln. Die im linksrheinischen Köln gelegenen Burgen spiegeln demnach einen anderen Teil der Geschichte Kölns wider als im Rechtsrheinischen. Nach der vom Klerus verlorenen Schlacht von Worringen im Jahre 1288 zogen sich viele geistliche Fürsten und Bischöfe in die Burgen zurück, die auf unserer Route liegen. Die Burgen dienten damals weniger dem Wohnbedarf der adligen Besitzer als der ertragreicheren Wirtschaft – sie wechselten eher häufig in Abhängig-

**Burg Bachem**

keit der Liquidität des Stadtadels den Besitzer. Ein typisches Beispiel dafür ist der **Stüttgenhof**, der etwa 200 m von der Haltestelle entfernt in nördlicher Richtung liegt. Wohl eine der ältesten Kölner Burganlagen (1271 erstmals erwähnt), fiel es aufgrund von zu hohen Unterhaltskosten dem Kölner Stift St. Gereon zu und war bis 1688 ordentliches Ritterlehen. Danach wurde es nur noch an Bürgerliche verpachtet.

Wir radeln weiter über die Autobahn hinweg, anschließend durch ein Gewerbegebiet und überqueren die **Horbeller Straße**.

**Privatatelier Gut Horbell**

Wer einen Abstecher nach Gut Horbell machen möchte: links in die Horbeller Straße einbiegen, nach ca. 500 m rechts in der Einfahrt zur Straßenmeisterei befindet sich im südlichen Geländeabschnitt die ehemalige Burg Horbell.

Ursprünglich gehörte die Burg der Kölner Domprobstei. 1340 erstmals erwähnt, hat die **Burg Horbell** mehrere Besitzerwechsel aufzuweisen. Namensgebend für die Anlage war die Familie Schall von Bell, welche 1550 diese Anlage erhielt. Das noch heute charakteristische Walmdach ist bereits von weitem erkennbar. Heute dient die Anlage mit den schönen Holzgalerien und –verzierungen auf der Hofseite als Privatatelier. Die dortigen Holzarbeiten, ein reichlich verziertes Treppenhaus sowie Holzstuckdecken, zählen noch heute zu den schönsten Beispielen rheinischer Handwerkskunst.

Ansonsten geht es geradeaus weiter entlang des Radweges bis zur **Bonnstraße**, diese überqueren wir und fahren auf dem Radweg auf der linken Seite weiter, vorbei am **Gut Neu-Hemmerich**. Am Ortsbeginn von Bachem geht es rechts in die **Carl-Goerdeler-Straße**. Danach biegen wir die Zweite links in den **Clarenbergweg** ein, radeln auf diesem weiter bis an die nächste Kreuzung (Fachwerkhaus, Verkehrsinsel mit Jungbaum), biegen hier rechts ab und fahren nun leicht bergan auf der **Grachterhofstraße** weiter.

Die kommende Hauptstraße mit Ampel (lange Wartezeit) überqueren wir linksversetzt und radeln weiter bergan auf der **Fürstenbergstraße**. In Höhe der **Kreuzstraße** befindet sich ein schönes Wegkreuz inmitten eines Birkenpaares. Anschließend passieren wir die **Kirche St. Mauritius**, biegen rechts in die **Schlossstraße** ein und stehen vor der Einfahrt der **Burg Bachem**.

Die seit 1178 erwähnte **Burg Bachem** war im 30jährigen Krieg Schauplatz von Auseinandersetzungen zwischen Katholiken und Protestanten. Nach dem Wiederaufbau ab 1648 (aus dieser Zeit stammt u.a. die dreibogige Brücke) bis weit in das 19. Jahrhundert verfiel das Anwesen und war ab 1908 unbewohnt, der Verfall drohte. In der jüngsten Vergangenheit machte die Burg in der Lokalpresse Schlagzeilen, da bei Sanierungsarbeiten falsches Material benutzt wurde bzw. durch die Folgen des Braunkohletagebaus der Grundwasserspiegel sank und das Fundament Setzungsrisse bekam. Man fand heraus, dass das Wasser des Burggrabens das Tongestein des Burgfundamentes wie eine Klammer zusammenhielt und das Gestein vor dem Austrocknen schützte. Erst mit dem Ende des Tagebaus sprudelte die Quelle wieder und stabilisierte die Statik der Grundmauern.

Von der Burg kommend fahren wir an der Kirche wieder links, dann biegen wir rechts in die **Mauritiusstraße** ein, diese führt nun bergab. Kurz vor Erreichen der Hauptstraße lässt sich noch links ein Blick auf das abgeschirmte **Haus Bitz** (Herrenhaus aus dem 17. Jahrhundert, heute in Privatbesitz und nicht zugänglich) werfen, bevor es geradeaus über die Kreuzung weitergeht. In Höhe des Fachwerkhauses biegen wir dann wieder rechts in die **Hemmerichstraße** ab, diese verlassen wir rechts nach dem Linksbogen und biegen in die **Carl-Goerdeler-Straße** ein.

**Burg Bachem – Romantik pur**

Burg Gleuel – hier organisierte sich einst der Widerstand gegen den Kölner Klerus

Auf dieser radeln wir immer geradeaus und genießen das schöne Panorama auf die Kölner Hochbauten. Kurz vor der Autobahnunterführung benutzen wir den linksseitigen Radweg, hinter der Autobahn müssen wir allerdings wieder auf der Fahrbahn fahren und weiter geht es in Fahrtrichtung in den Hürther Ortsteil **Gleuel**.

Um einen kleinen Kreisel herum fahren wir weiter die **Burgstraße** entlang, dann biegen wir dem Hinweis „Burg Gleuel" folgend rechts in die Platanenallee ein. Wir radeln vor dem Haupttor links in den Park hinein, am Nebeneingang der Burg wieder links und dann halbrechts auf eine Kreuzung zu.

Die Geschichte der zur Frankenzeit erstmals genannten **Burg Gleuel** spiegelt den mittelalterlichen Zwist zwischen Bürgertum und Geistlichkeit im Kölner Raum wider. 1260 gelangte die Burg an die Kölner Domprobstei. Später wurde jedoch der Widerstand gegen den Klerus von der Burg Gleuel aus organisiert. Händler und Handwerker gewannen immer mehr an Einfluss und fühlten sich durch die Geistlichkeit unterdrückt. Der Klerus wurde schließlich in der Schlacht von Worringen besiegt. Gleueler Ritter führten den Kampf an und stellten später mehrere Bürgermeister in Köln. Im Nachhinein erwiesen sich die Sieger über die Kölner Geistlichkeit als ebenso herrsch- und prunksüchtig.

Die größeren Umbauten der Anlage fanden ab Mitte des 17. Jahrhun-

derts statt; so wurde einer der Wassergräben zwischen Vor- und Hauptburg zwecks Bauerweiterung zugeschüttet. Trotz ihrer räumlichen Verbindung weisen die Geschosse unterschiedliche Größen auf.
1969 kam die Anlage in den Besitz der damaligen Gemeinde Hürth, seit 1976 ist die Burg in Privatbesitz.

Wir überqueren die Kreuzung und biegen halblinks in die Straße **Am Hofacker** (neben dem Imbiss) ein, danach rechts und die nächste Straße links. Wir radeln nun die **Bergmannstraße** entlang.
An der Diagonalkreuzung geht es rechts leicht bergan (**Zieskovener Straße**), an der kommenden Kreuzung biegen wir links am Gedenkstein in die **Schnellermaarstraße** ein. In Höhe des Hürther Ortsteils **Alstädten-Burbach** fahren wir am Parkplatz links den oberen Weg weiter (Hinweistafel auf das Erholungsgebiet Otto-Maigler-See). Am Gebäude der Hürther Rudergesellschaft radeln wir rechts vorbei, dahinter geht es links weiter. An der nächsten Gabelung fahren wir links den Waldweg hinunter. Hinter der Brücke radeln wir wieder links auf einem Teilstück der ehemaligen um den See verlaufenden Straße weiter.
Diese verlassen wir ein wenig später rechts, fahren im Linksbogen um eine grün-weiße Schranke herum und auf einem schmalen Waldweg weiter. An der nächsten Kreuzung biegen wir rechts auf den breiten asphaltierten Radweg ein. Von hier aus haben wir einen guten Blick auf das Braunkohlekraftwerk Knapsack. Anschließend fahren wir wieder um eine Schranke herum, rechts eine Rampe hinauf, überqueren die Umgehungsstraße und radeln nun bergab in den alten Ortskern von **Hürth** (**Katharinenstraße**).
Unten angekommen halten wir uns rechts, dann sofort wieder links (**Ringstraße**), an der nächsten Gabelung rechts und sofort wieder links (**Pastoratsstraße**). Danach radeln wir wieder links, vorbei an der Kirche **St. Katharinen**.
Wir fahren weiter bis zu einer Kreuzung, dort rechts über das Gleis, danach auf dem Radweg bergauf entlang der **Trierer Straße.**
Diese stößt am Ende auf die **Luxemburger Straße**, die wir überqueren. Den nächsten Weg fahren wir links hinein (Wanderwegzeichen der römischen Wasserleitung folgen), danach wieder links auf ein nun weniger gutes Teilstück (Vorsicht bei Nässe!). Dem Wegverlauf folgend biegen wir an der nächsten Gabelung rechts ab – wo uns ein schönes Panorama auf die Kölner Bucht erwartet – und fahren in den Ortsteil **Kendenich** hinein.
An der **Nussallee** biegen wir links ein und radeln dann rechts in die Straße **Am Kempishof**. Hier befindet sich die Burganlage von Kendenich, die heute als Wohnanlage genutzt wird.

**Einst Adelssitz, heute Wohnanlage – Burg Kendenich**

Die 941 erstmals urkundlich erwähnte **Burg Kendenich** liegt imposant am Osthang der Ville. Das zuerst errichtete Herrenhaus stammt aus dem Jahr 1664, dann folgten die östliche, die nördliche und erst im 19. Jahrhundert die westliche Vorburg. Durch die Total-Renovierung nach 1970 wurde das Innere der Burg vollkommen umgestaltet, lediglich der Dachstuhl des Innengebäudes befindet sich noch im Originalzustand.

Wir fahren wieder auf die Nussallee, biegen rechts ab und fahren dann links in die für Radfahrer durchlässige Sackgasse (**Im Roemchen**) hinein und bergab bis zur **Bonnstraße** (L 183). Dort fahren wir links auf dem linksseitigen Radweg weiter bis in Höhe des Maschinenbaubetriebes, dort überqueren wir die Bonnstraße und biegen rechts in die **Kölnstraße** ein, wir überqueren die Gleise (Am Alten Bahnhof) und fahren an der Schranke rechts.

Die Straße macht in Höhe des Wegkreuzes einen Linksknick und verläuft durch einen verkehrsberuhigten Bereich. Am Ende der Kölnstraße biegen wir links in die **Hans-Böckler-Straße** ein. Auf dem dortigen Radweg fahren wir weiter, überqueren die **Luxemburger Straße** und die **Krankenhausstraße** (Vorsicht: zwischen Weidengasse und Krankenhausstraße verläuft der Radweg auf der linken Straßenseite!). In Höhe des Brunoweges müssen wir den Radweg noch vor der Verkehrsinsel rechts abbiegend verlassen. Wir radeln weiter entlang des Wan-

derwegzeichens **der römischen Wasserleitung** auf dem Weg entlang des **Duffesbachs** durch eine ruhige Spiel- und Parkanlage.

Auf dem Hauptweg des Parks fahren wir immer in Fahrtrichtung weiter (unterwegs befindet sich ein Reststück der antiken römischen Wasserleitung), später am Wegende geht es rechts durch ein Drängelgitter, danach biegen wir links in die **Bachstraße** ein. In Höhe der **Burg Efferen** geht es dann rechts in die **Ritterstraße** hinein.

Die aus dem 13. Jahrhundert stammende **Burg Efferen** ist Hürths einziges noch erhaltenes mittelalterliches Gebäude. Die Anlage wurde im 14. Jahrhundert von der Stadt Köln ausgebaut, da sie in den Auseinandersetzungen mit dem Kölner Erzbischof eine wichtige strategische Bedeutung hatte. Der die Burg umgebende Wassergraben wurde 1961 trockengelegt, um die Bachstraße zu verbreitern.

Wir fahren weiter auf der Ritterstraße, biegen nach dem Linksknick rechts ab und radeln hinter der Ampel links in die **Klosterstraße** hinein. An deren Ende (Sportplatz) fahren wir links auf dem Radweg bis zur **Bachstraße** zurück, biegen hier rechts auf den Radweg ein und fahren unter der Autobahn hindurch. Weiter geht es entlang der **Berrenrather Straße**, nach ca. 200 m verläuft der Radweg weiter rechtsversetzt von der Berrenrather Straße. Vor einer Brücke geht es links weiter geradeaus, wenig später liegt linker Hand ein Relikt der ehemaligen römischen Wasserleitung. Anschließend fahren wir links, überqueren die **Berrenrather Straße** und radeln dem Hinweisschild Zum Geisbockheim (Clubhaus des 1. FC Kölns) folgend weiter geradeaus. Kurz vor dem Parkplatz

**Ein verwunschenes Schloss – Burg Kendenich**

**Toreinfahrt von Burg Efferen**

rechts, sofort wieder links und weiter durch den Wald. Nach einer Weile passieren wir die **Gleueler Straße** und fahren weiter geradeaus bis zum Weiherende. Wenig später stoßen wir auf die **Bachemer Landstraße**, dem Ausgangspunkt unserer Tour.

➡ *Hier Anschlussmöglichkeit zur Tour 9 (Seite 96 ff)*

Wer mit der Straßenbahn gekommen ist, fährt weiter links auf die Bachemer Landstraße, durch den Wald, um die Schranke herum und am Waldende (nächste Schranke) rechts zur Haltestelle **Stüttgenhof**.

**Hinweis:**

**Die Burgen sind in Privatbesitz und daher nur von außen zu besichtigen, zum Teil kann man auf die Innenhöfe gelangen.**

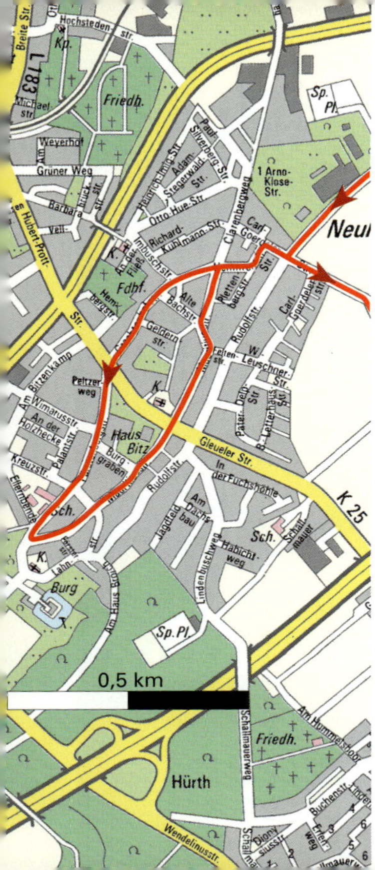
Hochsteden-str.
Kp.
Friedh.
L 183
Weyerhof
Grüner Weg
Barbara
Arno-Klose-Str.
Clarenbergweg
Neu
Fdhf.
Alte Bachstr.
Rudolfstr.
Peltzerweg
Haus Bitz
Burggraben
Gleueler Str.
In der Fuchshöhle
K 25
Sch.
Burg
Sp.Pl.
0,5 km
Friedh.
Am Hummelsbroich
Schallmauerweg
Hürth
Wendelinusstr.

Start / Ziel
ÖPNV
Start / Ziel
Auto
Tour 10
Marsdorf
K 29
264
Horbell
Sülz
Deckstainer Weiher
A4
Neubemmerich
Bachem
Gleuel
Burbach
Berrenrath
Alstädten
Otto-Maigler-See
HÜRTH
HÜRTH
Kendenich
N
1 km

# Tour 11: Musik aus der Abtei Brauweiler



**Start und Ziel:** Parkplatz am Aachener Weiher (Aachener Straße) in Höhe der Straßenbahnhaltestelle Universitäts-Straße (Linien 1 und 7)
**Länge der Tour:** 30 km

**Streckenprofil:** flach; größtenteils autofreie Wegführung. In Brauweiler sowie kurz vor Widdersdorf muss auf der Fahrbahn gefahren werden
**Schwierigkeitsgrad:** leicht, für Kinder und Fahrradanhänger geeignet

**Sehenswürdigkeiten:** röm. Grabkammer in Weiden, Abtei Brauweiler, altes Ortsbild in Müngersdorf
**Einkehrmöglichkeiten:** in Junkersdorf, in Brauweiler und in Müngersdorf
**Freizeiteinrichtungen:** Stadtwald in Lindenthal mit Wildgehege und Liegewiesen, Freibad am Stadion, Kombibad in Weiden

## *Eine Tour am westlichen Stadtrand*

Diese Tour verläuft zum großen Teil auf einer so genannten Referenz-Route des städtischen **Velorouten-Netzes**. Dabei handelt es sich um Verbindungen für den Radverkehr, die größtenteils parallel der großen und zum Teil gefährlichen Ausfallstraßen verlaufen, jedoch kaum Ampeln oder gefährliche Kreuzungen aufweisen. Zur Zeit muss man sich an der alten Radrouten-Beschilderung orientieren, geplant sind jedoch mit der Umsetzung des Konzeptes Radwegweiser nach niederländischem Vorbild: so weiß jeder, wie weit er noch bis zum nächsten Stadtteil radeln muss.

Ausgangspunkt ist das Museum für Ostasiatische Kunst am **Aachener Weiher**. Wer mit der Straßenbahn anreist, steigt an der Haltestelle **Universitätsstraße** aus.

**Wie gemacht für Radfahrer – der Lindenthal-Kanal**

Nachdem wir die **Universitätsstraße** überquert haben, geht es links weiter (Radwegweisung Richtung Stadion folgen), in Höhe **des Lindenthaler Kanals** biegen wir rechts in einen Parkweg ein, fahren links durch die Sperrpfosten, radeln in Höhe des Spielplatzes bzw. des

Abtei Brauweiler

Schultores rechts, wieder am Kanal entlang und überqueren die **Klosterstraße** auf dem rot markierten Fahrradweg.

Der ca. 50 m breite und 1,5 km lange **Lindenthaler Kanal**, der in Höhe des Karl-Schwering-Platzes kurz unterbrochen wird, entstand 1925. Die ihn umgebenden Linden- und Kastanienalleen sowie die steinernen Figuren verleihen diesem eine besondere Note.

Wenig später überqueren wir durch ein Z-förmiges Drängelgitter die Straßenbahngleise am Gürtel und fahren geradeaus weiter. Am Ende der Siedlung radeln wir über den rot markierten Radweg der **Fürst-Pückler-Straße** in den **Stadtwald** hinein. Dort an der großen Gabelung geht es links, dann rechts, und dann dem Radwegpiktogramm über die Holzbrücke folgend links weiter.

Der **Stadtwald** ist Teil des linksrheinischen Grüngürtels (siehe Tour 9). Den hiesigen Teil der damaligen Freiflächen zwischen Aachener und Dürener Straße erwarb die Stadt Köln 1885 und legte hier einen Park an. Bis 1898 wurden etwa 800.000 Bäume gepflanzt. Ein Teil der inzwischen über 100 Jahre alten Bäume lässt sich noch heute bestaunen.

Wir überqueren die **Kitschburger Straße** (diese ist auf diesem Teilstück an Sonn- und Feiertagen für den Kraftfahrzeugverkehr gesperrt), radeln weiter um eine Schranke herum und links am Wildpark vorbei. In

einem Rechtsbogen überqueren wir ein Gleis, nach ca. 200 m sieht man bereits Autos auf dem Militärring. Wir fahren links über die Fußgängerüberführung (Vorsicht: Umlaufgitter sind eng gesetzt!) weiter geradeaus. An der Schutzhütte mit den Bänken radeln wir bis zum **Adenauer Weiher**, den wir dann links umfahren.

Kurz vor dem Ende des Weihers fahren wir links und überqueren den nächsten Weg, weiter geht es parallel zur Siedlung und dem Reitweg auf einem schmalen, jedoch asphaltierten Weg. Den nächsten Weg im Wald müssen wir überqueren und fahren im Linksbogen aus dem Wald hinaus. Wir überqueren die Straße **Am Römerhof** (Vorsicht schlecht einsehbar!) und radeln geradeaus in die **Stadthalterhofallee.** An der vierten Straße in Höhe der Bushaltestelle müssen wir rechts abbiegen (**Südallee**), um anschließend den **Kölner Weg** schräg links zu überqueren. An dieser Kreuzung gibt es einen schönen Spielplatz sowie diverse Einkehrmöglichkeiten.

Wir fahren weiter rechts in die **Birkenallee** (Tempo-30-Gebiet) hinein, überqueren den **Kirchweg** und radeln anschließend links in die **Blumenallee**, hier immer geradeaus. Es geht weiter um ein Drängelgitter über eine Fußgängerüberführung, an deren Ende wir links abbiegen. Wir fahren durch eine Siedlung, am Ende des Weges biegen wir rechts auf einen Rad-/Gehweg ab und fahren hier weiter durch den Stadtteil **Weiden**. Am Ende des Radweges geht es auf der Fahrbahn der **Potsdamer Straße** weiter.

Von dieser biegen wir im spitzen Winkel rechts in die Straße **Am Engelshof** ab (die Einbahnstraße ist für den Radverkehr in die entgegen-

**Der Adenauer Weiher im Stadtwald**

Freimersdorfer Landidylle - Kistenmacher Hof

gesetzte Richtung geöffnet). Diese Straße macht einen Linksknick und heißt nun **Schulstraße**

Der Stadtteil **Weiden** war bis zur Kommunalreform ein Ortsteil von Frechen. Interessant ist der städtebauliche Kontrast zwischen den in den 60er Jahren von Versicherungskonzernen hochgezogenen Betonbauten einerseits und den zum Teil noch gut erhaltenen dörflichen Strukturen des alten Weiden andererseits.

Wir fahren die Schulstraße immer geradeaus und überqueren später die **Aachener Straße** an einer Ampel, dann müssen wir das Fahrrad entlang eines kleinen Privatweges ein kurzes Stück schieben und danach geradeaus weiterfahren.

Bei der Überquerung der Aachener Straße in Höhe der Schulstraße zeugt die im Juni 2002 in Betrieb genommene **Endhaltestelle der Linie 1 in Weiden** von dem herbeigesehnten Schienen-Anschluss der Weidener nach „Köln“. Wer nicht mehr weiterradeln möchte, kann von hier aus mit der Straßenbahn zurückfahren.

In Höhe der Hausnummer 1382 der Aachener Straße befindet sich eine **römische Grabkammer**, die Zeugnisse aus einer längst vergessenen Epoche beherbergt. Sie gilt als eine der aufwendigsten Anlagen in den ehemaligen gallisch-romanischen Provinzen. Ein Jahreszeiten-Sarkophag, Silbergeschirr und Schmuck zeugen von der einstigen römischen Hochkultur im Kölner Raum.

An der Gabelung auf der **Moltkestraße** fahren wir durch die neue Eisenbahnunterführung, danach links in die Saarstraße, diese macht nach einer Weile einen Rechtsbogen. Am Ende der Siedlung biegen wir vor dem Sackgassenschlid links ein (An der Ronne). Über den Wendehammer geht

es weiter um eine Schranke herum. Wir überqueren den **Kölner Randkanal,** nun geht es über die Kölner Stadtgrenze hinaus und wir fahren weiter rechts auf dem linksseitigen Radweg der **Bonnstraße** (L 183).

Der **Randkanal** um Köln, der uns auf mehreren Touren begegnen wird (u.a. bei Widdersdorf und auf der Tour 14), dient der Wasser-Regulierung sowohl des Grundwassers als auch größerer Regenmengen (Hochwasser-Überlauf).

In **Freimersdorf** fahren wir links, in Höhe der denkmalgeschützten Hofanlagen biegen wir rechts ab, anschließend fahren wir auf dem linksseitigen Radweg weiter bis nach **Brauweiler**. Der Radweg endet am Ortsbeginn und wir müssen auf der stark befahrenen Fahrbahn weiterfahren. An der nächsten Abbiegemöglichkeit (**Auf der Insel**) fahren wir zuerst rechts, dann sofort wieder links; nach wenigen Metern können wir das Fahrrad links durch ein Tor schieben und gelangen in den Park des Geländes der ehemaligen **Abtei Brauweiler**.

Die fast 1000-jährige **Abtei Brauweiler** ist bereits von weitem erkennbar. Sie ist eine der bedeutendsten Kloster-Anlagen des Rheinlandes und beherbergt heute große Teile der Kulturabteilung sowie des Archives des Landschaftsverbandes Rheinland. Im Sommer finden in der Innenhof-Anlage regelmäßig Konzerte statt, bei Freunden der Orgelmusik gilt der Besuch der dortigen Orgel-Konzerte als ein Muss.

**Mut zur Lücke**

Der im Osten angrenzende Park lädt mit seinen Wiesen und Parkbänken zu einer Rast ein; gegenüber des Haupteinganges am Guidelplatz gibt es mehrere Einkehrmöglichkeiten.

Nach der Rast im Abteipark geht es leicht bergab; in Höhe des Restaurierungsgebäudes (weiße Fensterrahmen) verlassen wir den Abteipark und gelangen auf einen breiten Geh- und Radweg. Links des Weges liegt ein schöner Spielplatz. Nach kurzer Zeit erreichen wir die **Helmholtzstraße**, diese fahren wir rechts parallel entlang, an der nächsten Kreuzung biegen wir links in die **Donatusstraße** ein, die uns nach Überqueren einer weiteren Kreuzung auf einem linksseitigen Radweg durch ein Gewerbegebiet führt. An dessen Ende fahren wir rechts entlang des Kölner Randkanals weiter. Am Wegende radeln wir links auf den linksseitigen Radweg (Stadtgrenze) in den Kölner Ortsteil **Widdersdorf**, dort biegen wir nach ca. 100 m (an einem Wegkreuz mit Linde) rechts in die Straße **Auf der Aspel** ein.

Im Gegensatz zu den anderen 1975 zu Köln eingemeindeten Stadtteilen liegt **Widdersdorf** bis heute immer noch recht isoliert, auch wenn es sich zu einer bevorzugten Wohnlage etabliert hat. Mehrere alte Hofanlagen zeugen von der einstigen Bedeutung des Ortes als landwirtschaftlich geprägtes Dorf. Heute lassen sich die Landwirtschaftsbetriebe an einer Hand abzählen, die meisten Hofanlagen wurden zu Wohnanlagen umgestaltet – nicht immer wurde dabei Rücksicht auf die historische Bausubstanz genommen.

Am Ortsende müssen wir die Kreisstraße (K 6) überqueren und fahren nun eine längere Zeit immer in Fahrtrichtung geradeaus, unter der Autobahn hindurch bis zum **Max-Planck-Institut**.

➡ *Hier Anschlussmöglichkeit zur Tour 9 (Seite 96 ff)*

Am **Max-Planck-Institut** biegen wir rechts in die **Belvederestraße** ein, verlassen diese links am Waldrand und radeln der Wegweisung Richtung Stadion folgend durch die Sperrpfosten in den Wald hinein.

Der aspaltierte Weg verläuft später parallel zum **Militärring**. An der nächsten Gabelung fahren wir links und in einem S-förmigen Verlauf unter der Bahnunterführung hindurch und am anderen Ende weiter auf die Fahrradstraße hinauf (**Alter Militärring**). Durch **Müngersdorf** hindurch fahren wir auf der Fahrradspur der Hauptstraße geradeaus, überqueren die **Aachener Straße** und radeln weiter der Wegweisung folgend geradeaus parallel zum **Militärring**. An der Kreuzung biegen wir links in die **Friedrich-Schmidt-Straße** ein, verlassen diese aber schon nach ca. 100 m in Höhe der Müllcontainer halbrechts immer der Wegweisung folgend in den **Stadtwald** hinein.

**Lüniger Hof - Denkmalgeschützte Hofanlage in Freimersdorf**

**Hoch hinaus! Über den Feldern von Junkersdorf**

Der Ortsteil Müngersdorf wurde um 900 erstmals als **Muntendorp** erwähnt. Heute zeugen vor allem viele alte Hofanlagen, Kleingehöfte und Fassaden von Landarbeiterhäusern in der **Wendelinstraße** von der einstigen Bedeutung **Müngersdorfs.** Ab den 1920er Jahren setzte um den alten Ortskern eine rege Bautätigkeit ein, so entstanden vor allem viele Häuser bedeutender Kölner Künstler und Architekten.

Der Radwanderweg nach Köln führt nun halblinks auf dem asphaltierten Hauptweg des Stadtwaldes entlang und überquert ein Gleis. An der nächsten großen Gabelung führt die Route aus dem Stadtwald hinaus. Nun sind wir auf der Route, die wir bereits vom Hinweg kennen. Wir orientieren uns entsprechend der Radwegweisung Richtung Innenstadt, fahren geradeaus weiter, passieren wieder die Straßenbahngleise und stoßen auf den Lindenthal-Kanal. Linksversetzt radeln wir weiter den Kanal entlang. In Höhe des italienischen Kulturinstitutes biegen wir links auf den Radweg und fahren dann rechts über die **Universitätsstraße**; kurz danach stehen wir am Eingang des Museums für Ostasiatische Kunst in Höhe des **Aachener Weihers**, wo unsere Tour endet.

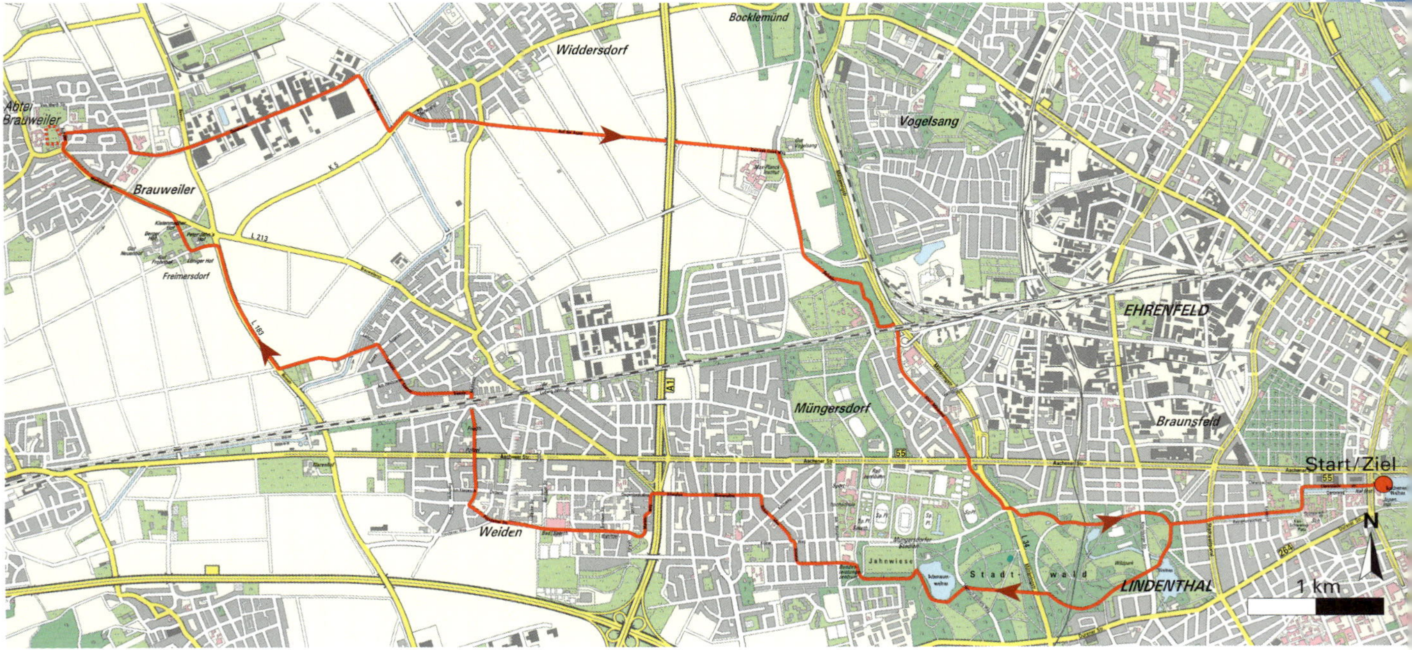
Bocklemünd
Widdersdorf
Abtei Brauweiler
Brauweiler
Vogelsang
Freimersdorf
EHRENFELD
Müngersdorf
Braunsfeld
Start/Ziel
Weiden
Jahnwiese
Stadtwald
LINDENTHAL
N
1 km
L 213
L 183
K 5
A1
55
264

# Tour 12: Baggerlöcher, Boomtown und Biergärten



**Start und Ziel:** Parkplatz (Park & Ride) an der Straßenbahnhaltestelle Bocklemünd (Linien 3 und 4).
**Länge der Tour:** 18 km
**Streckenprofil:** flach; größtenteils autofreie Wegführung. In Esch sowie zwischen Auweiler und Mengenich muss auf der Fahrbahn gefahren werden

**Schwierigkeitsgrad:** leicht, für Kinder und Fahrradanhänger geeignet. Ein kurzes Waldstück von mäßiger Qualität zwischen Wasserwerk Weiler und Esch

**Sehenswürdigkeiten:** Wasserwerk Weiler mit Lehrpfad, altes Ortsbild in Esch, schöne Innenhof-Anlage des Auweiler Hofs

**Einkehrmöglichkeiten:** in Esch und in Auweiler (Pohlhofschänke)
**Freizeiteinrichtungen:** Kiesgruben (Baggerseen) im Nüssenberger Busch (Pesch), Spielplatz in Auweiler

## *Im Kölner Westen*

Diese Tour führt uns in den Westen von Köln, wo es allerlei Wissenswertes zum Thema Wasser gibt. Rekultivierte Baggerlöcher, das Wasserwerk Weiler im Norden Kölns sowie einige interessante Biergärten bilden den Rahmen dieser leichten Rundtour.

Von der **Straßenbahnhaltestelle Bocklemünd** geht es zum **Militärring**, diesen fahren wir ein Stück rechts entlang, anschließend überqueren wir links den Militärring an einer Ampel und fahren geradeaus weiter durch die alte **Venloer Straße**, die heute für den Kraftfahrzeugverkehr gesperrt ist. An der nächsten Gabelung biegen wir rechts in die **Grevenbroicher Straße** ein, dieser folgen wir im weiteren Verlauf halbrechts vorbei an der Platane mit dem Wegkreuz; die Straße heißt nun **Mengenicher Straße** und wir fahren durch den alten Ortskern von **Bocklemünd**.
Im **alten Ortskern von Bocklemünd** findet jedes Jahr am ersten August-Wochenende im Fettenhof ein Weinfest statt.
In Höhe der **Nattermanngasse** geht die Straße in die **Untere Dorfstraße** über, dieser folgen wir geradeaus und biegen an deren Ende

**Wasserlehrpfad Weiler**

**Ein vergessener Turm**

rechts in den **Ransenbergweg** ein. An der nächsten Straße biegen wir jedoch sofort wieder links in den **Ingendorfer Weg** ein. An dessen Ende geht es ein kurzes Stück nach links, in Höhe der **Unteren Dorfstraße** biegen wir dann rechts ein und umfahren eine Schranke. Wir befinden uns nun im **Nüssenberger Busch**; hier gibt es jede Menge schöne Liegewiesen mit Spielplätzen. Wir fahren anschließend links am Unterstellpilz vorbei und folgen dem weiteren Verlauf des Weges links neben der Autobahn. Wir stoßen auf die **Pescher Straße** (Vorsicht: keine Überquerungshilfe!), der wir links folgen. Weiter geht es auf dem Radweg, der hinter der Unterführung leicht rechtsversetzt weitergeht, die Vorfahrtsstraße macht nun einen Linksknick. Wir radeln geradeaus weiter bis zum Baggerloch, dort biegen wir rechts ab und später vor Erreichen der Siedlung in Pesch links; wir radeln also rechts um das Baggerloch herum. Am Wegende in Höhe des Spielplatzes umfahren wir eine Schranke (Vorsicht mit Anhängern: eng gesetzte Sperren!).

Das Erholungsgebiet **Nüssenberger Busch** mitsamt Naturwaldparzellen wurde bereits in Tour 9 beschrieben. Die hier liegenden **Kiesgruben** bei Pesch sind ebenfalls Teil des neu erschlossenen, ca. 600 ha großen **Erholungsgebietes** im Westen Kölns. Das Baden in den Kiesgruben ist jedoch nicht erlaubt (Ausnahme: Badesee bei Esch), dafür sieht man viele Angler.

Die Straße überqueren wir auf der Verkehrsinsel und fahren nun rechts auf dem linksseitigen Radweg nach **Pesch**, an der nächsten Kreuzung wechseln wir die Straßenseite, radeln weiter geradeaus hindurch durch das Tempo-30-Gebiet (rote Radwege auf der Fahrbahn aufgemalt). An der kommenden Kreuzung radeln wir immer in Fahrtrichtung geradeaus, anschließend rechts um die Lärmschutzwand auf dem parallel zur Straße liegenden Rad-/Gehweg durch die Sperrpfosten hindurch und erreichen **Lindweiler**.

Der 1975 nach Köln eingemeindete Ortsteil **Pesch** erinnert am ehesten an Boomtown; viele Reihenhaus-Siedlungen, moderne Einfamilienhäuser und vor allem jede Menge Sportanlagen prägen das neue Ortsbild. In Sportlerkreisen wird Pesch aufgrund seiner vielen Tennishallen auch „das Wimbledon von Kölle" genannt; die in den 80er Jahren aufkommende Sportart Squash hatte innerhalb Kölns angeblich hier ihren Ursprung.

Am Wegweiser „Sportplatz" müssen wir nun links in den **Erbacher Weg** einbiegen, um anschließend geradeaus über die Fußgängerüberführung weiter auf dem asphaltierten Feldweg zu fahren; dieser macht später einen Rechtsknick. Wir überqueren die Straße am Wendehammer, radeln weiter über den Platz mit den Verbundsteinen, danach zwischen den Steinpfosten hindurch und halblinks auf dem linksseitigen Rad-/Gehweg

**St. Martinus in Esch**

**Kappelshof in Mengenich**

entlang des **Thujaweges** weiter geradeaus. Der Thujaweg knickt nach links ab; wir überqueren in diesem Knick die Straße und fahren geradeaus weiter durch die **Blockstraße** bis zum **Wasserwerk Weiler**.

Das **Wasserwerk Weiler** wurde 1931 von der stadtnahen GEW (=Gas, Elektrizitäts- und Wasserwerke Kölns) in Betrieb genommen. Seit 1971 wird das Wasser, das über zwei Dutzend Tiefbrunnen zwischen Langel und Worringen über eine fast 7 km lange Rohrleitung in so genannte Infiltrationsbecken (Klärteiche) geleitet wird, auch von industriellen Abwässern gereinigt. Bevor das Wasser versickert, wird es mit zusätzlichem Sauerstoff versorgt, um die Selbstreinigung zu erhalten. In einem weiten Umkreis um das Wasserwerk herum befindet sich die **Schutzzone I**, das bedeutet: Hier darf auf den Feldern nicht gedüngt werden, denn mit dem hier aufbereiteten Trinkwasser – immerhin ca. 10 Mio. Liter – werden knapp 400.000 Einwohner versorgt.

Beachtenswert ist der **Lehrpfad** mit Infotafeln und technischen Denkmalen wie Pumpen und Hydraulikanlage vor dem Wasserwerk.

In Höhe des Wasserwerks Weiler fahren wir nun links und weiter auf einem Waldweg bis in Höhe der nächsten Gabelung (Hinweis auf Wasserschutzzone) und biegen dort links ab. Am Wegende vor der Autobahn geht es um die Schranke herum rechts, danach müssen wir links auf die **Thenhover Straße** einbiegen. Unter der Autobahn hindurch gelangt man nun in den Ortsteil Esch.

Mit Beginn der Linden entlang der Straße in Höhe des Frohnhofs biegen wir links ab und radeln am **Frohnhof** vorbei. Vor uns liegt auf einem Hügel die markante romanische Kapelle **St. Martinus**. Weiter geht es rechts um die Kirche herum in den alten Ortsteil von **Esch** hinein.

Der Ortsteil **Esch** weist einen alten Ortskern auf, in dem die ehemalige Kapelle und heutige Pfarrkirche **St. Martinus**, umgeben von einer alten Backsteinmauer, weithin auf einer Erhebung liegend sichtbar ist. Esch wurde als „Ascha“ erstmals 989 erwähnt. Zur fünften Jahreszeit wird im Schatten der Kirche ein großes Karnevalszelt aufgeschlagen. Lokal ebenso bekannt sind die „Schweine von Esch“, die lediglich im Winter nicht auf den Wiesen in und um Esch zu sehen sind.
Der **Frohnhof** ist der einzige in Esch noch erhaltene Landwirtschaftsbetrieb. Hier ist der Einkauf von Lebensmitteln ab Hof möglich.
Goebels Biergarten sowie das Bistro Miró bieten müden Radlern eine gute Gelegenheit zu einer Rast.

➡ *Hier Anschlussmöglichkeit zur Tour 14 (Seite 144 ff)*

Die Tour verläuft anschließend weiter rechts auf der **Weiler Straße** (Vorsicht: kein Radweg!). Hinter der nächsten Kreuzung in Höhe der Haltestelle fahren wir rechts auf dem Radweg neben der Straße weiter bis **Auweiler**. Dieser Radweg endet in Höhe der **Greesberger Straße**, nun geht es weiter auf der Fahrbahn bis in die Ortsmitte von Auweiler, dort biegen wir in Höhe des Spielplatzes rechts ab in die Straße **Doktorshof**, biegen dann in die nächste Straße links in Höhe der Kapelle in

**Altes Wirtshaus in Bocklemünd**

die **Pohlhofstraße** ein. In Höhe der **Gartenstraße** befindet sich die **Pohlhofschänke**, ein beliebtes Ausflugsziel für Radler.

Nach der Rast am Spielplatz oder im Biergarten fahren wir geradeaus weiter auf der **Auweiler Straße** in Richtung Bocklemünd entlang einer Mehlbeeren-Allee. Links von uns liegt nun ein Baggerloch, das wir bereits von der Hinfahrt her kennen. Am Ende des Baggerlochs in Höhe der Kleingartenanlage biegen wir rechts ab; rechts liegt ein weiteres Baggerloch, an dessen Ende wir links auf den **Stöckheimer Weg** hineinfahren. Dieser macht später einen Knick nach rechts, danach nach links, führt unter der Autobahn hindurch und anschließend rechts am **Kappelshof** vorbei. Wir verlassen die Straße am Ende nach links durch die **Nattermanngasse**, um danach sofort nach rechts zu fahren. Die Route führt leicht bergab in die Ortsmitte von **Bocklemünd**; wir verlassen die Ortsmitte, biegen links in die **alte Venloer Straße** ein, überqueren den **Militärring** und sehen bereits vor uns unseren Ausgangspunkt, die **Straßenbahnhaltestelle Bocklemünd**.

Tour 12
Start/Ziel
1 km
N
Weiler
Volkhoven/Weiler
Volkhoven
Lind-
weiler
Esch
Esch/Auweiler
Auweiler
Pesch
Nüssenberger
Busch
Mengenich
Bocklemünd/
Mengenich
Bocklemünd
A 57
A 1
K 7
K 10
K 9
59
Auweilerweg
Thenhovener
Versuchsanstalt
für Obstanbau
Stöckheimer Hof
Venloer Str.

# Tour 13: Steine, Trolle und viele Pferde

13

**Start:** S-Bahnbahnhof Dormagen Bayerwerk
**Ziel:** S-Bahnbahnhof Köln-Worringen
**Länge der Tour:** 17 km
**Streckenprofil:** flach; größtenteils autofreie Wegführung

**Schwierigkeitsgrad:** leicht, für Kinder und Fahrradanhänger geeignet

**Sehenswürdigkeiten:** Geo- und Wildpark Tannenbusch, Erlebnispfad Waldbildungsstätte Tannenbusch, Schloss Arff, Western Dorf Carson-City bei Thenhoven

**Einkehrmöglichkeiten:** im Waldcafé Tannenbusch und in Thenhoven

**Freizeiteinrichtungen:** Waldspielplatz bei Delhoven, mehrere Spielplätze in Hackhausen, mehrere Pferdehöfe

## *Eine Kindertour im Norden Kölns*

Diese Tour ist ideal für Kinder und ungeübte Radler, da es auf ruhigen, meist autofreien Wegen durch eine flache, angenehm zu radelnde Landschaft geht und es am Wegesrand viel Interessantes zu entdecken gibt. Spielplätze fehlen ebensowenig wie ein Tierpark oder ein Waldkindergarten.

Wir verlassen den Bahnsteig am **S-Bahnbahnhof Dormagen Bayerwerk** und radeln entlang des Rad- /Gehweges östlich der Bahn in Richtung Norden weiter*. Am Ende des Radweges biegen wir links auf den Radweg der **Bayerstraße** ein, fahren unter der Brücke hindurch und in die **Schillerstraße** hinein (Einbahnstraße, für den Radverkehr in Gegenrichtung befahrbar). In Höhe der **Vom-Stein-Straße** müssen wir links unser Fahrrad über die steile Fußgängerbrücke hinauf schieben, die über den Rangierbahnhof führt.

**Achtung: Der nun folgende kurze Wegabschnitt ist auf der Karte aus technischen Gründen leider nicht darstellbar.*

Von der Überführung aus können wir an Werktagen die Güterwagons beobachten, die auf dem **Rangierbahnhof** wie von Geisterhand gesteuert hin- und herrollen. Das nebenan liegende Bayerwerk wickelt auf diesem Rangier- und Verladebahnhof den Güterumschlag ab, der

**Haus Arff**

**Neue Wohnkultur in Thenhoven**

von der Straße auf die Schiene gebracht werden soll wie z.B. gefährliches Frachtgut.

Am anderen Ende überqueren wir in Höhe einer Ampel die **Giesenstraße** und biegen der Radwegweisung folgend rechts in den **Holzweg**, einer sehr schönen Lindenallee, ein. In der Folge führt der breite Alleenweg ein längeres Stück immer geradeaus vorbei am Wasserwerk in den Wald hinein; dabei folgen wir der Radwegweisung der Niederrhein-Route.

Nicht nur aufgrund der Namensgebung der Wegweiser, auch die gesamte Gegend weist den Charakter einer typischen **Niederrheinischen Landschaft** auf; weite Felder, Alleen, aber auch die Bebauung in den Orten sowie die dünne Besiedlung verleihen dieser Gegend ihren Charme. Bei warmem Wetter spenden die Lindenbäume entlang des fast autofreien Weges viel Schatten.

Die Route führt an einem mittlerweile verlassenen Ameisenhaufen vorbei; an der nächsten größeren Gabelung folgen wir dem Pilzwegweiser in Richtung Tannenbusch (0,4 km). Rechts liegt eine schöne Holzstatue, der **Mund im Wald**. Vorsicht beim Berühren des Holzmundes! Denn demjenigen, der gelogen hat, wird die Hand abgebissen – so sagt die Legende. Am Wegende liegt rechts der **Geopark**, hier lohnt es sich eine längere Pause einzulegen. Weiter hinter dem Parkplatz befindet sich linker Hand neben dem Waldcafé ein Waldkindergarten sowie ein Tierpark.

Ein besonderer Anziehungspunkt für Kinder ist der **Mund im Wald**, aber auch der dahinter liegende **Geopark Tannenbusch**. 1980 als Lehrpfad angelegt, zeigt der Rundweg im Park wesentliche, landschaftsprägende Gesteine. Im Eingangsbereich befindet sich die „geologische Uhr“, die die wichtigsten Etappen der immerhin gut 5 Millionen Jahre alten Erdgeschichte in einem Zeitrahmen von 24 Stunden darstellt. So hat die letzte Eiszeit vor ca. 10.000 Jahren zeitlich gesehen erst vor wenigen Minuten stattgefunden. Info-Tafeln erläutern die unterschiedlichen Entstehungsgeschichten der verschiedenen Gesteine.
Die von der Schutzgemeinschaft Deutscher Wald kurz hinter dem Parkplatz gegründete **Waldschule im Haus Tannenbusch** hat es sich zur Aufgabe gemacht, Jugendgruppen, Schulklassen sowie Eltern und Kindern die Möglichkeit zu geben, den Lebensraum Wald erforschen und erleben zu können. Verschiedene Einrichtungen und Biotope in diesem Naherholungsgebiet bieten dabei das Umfeld für den naturnahen Unterricht. Ergänzt wird dieser „Lernort“ durch einen Tierpark (seit 1958), den Naturerlebnispfad, auf dem einen Trolle durch den Wald begleiten, und eine Ausstellung über die schönsten Landschaften in Dormagen.
Der hiesige **Waldkindergarten** wurde bereits prämiert und ist zusammen mit der Waldschule ein Teil des überregionalen und grenzüberschreitenden **Projektes EUROGA 2002 plus**. Hierbei präsentieren sich

**Komm, gib mir deine Hand ...**

**Hier werden einem Steine in den Weg gelegt – Geologischer Park in Tannenbusch**

die Kreise des Niederrheines sowie andere kreisfreie Städte im Nordwesten des Rheinlandes landschaftlich, kulturell und geschichtlich überregional einer breiteren Öffentlichkeit.

Nach der langen Pause geht es weiter am Waldrand entlang. Kurz vor einer Siedlung fahren wir dem Wander-Zeichen D folgend nach links, am Wegende biegen wir rechts ab und fahren links weiter in die verkehrsberuhigte **Pfauenstraße** nach **Delhoven** hinein. Ab hier muss man der Radwegweisung in Richtung Knechtsteden folgen. Wir fahren über die Kreuzung geradeaus weiter und biegen an der Kastanie links ab, danach geht es auf der **Werther Straße** weiter geradeaus in eine für den Radverkehr durchlässige Sackgasse hinein. Am Ortsende von Delhoven fahren wir um eine Schranke herum und radeln weiter bis zum **Werther Hof**, dahinter geht es an der Gabelung rechts auf einen Feldweg. Wir überqueren kurz darauf die **Stommelner Straße** und fahren weiter geradeaus auf dem Rad-/Gehweg, der im weiteren Verlauf im Zickzack zwischen Siedlung und Wald verläuft; am Ende des Parkplatzes liegt ein **Reetdach-Haus**.

Der Bau von **Reetdächern** war früher in vielen Gegenden üblich, da das Material, Schilf, leicht erhältlich, gut verarbeitbar und seine isolierende Wirkung hervorragend ist. Wegen seiner leichten Entflammbarkeit wird diese Bauweise immer seltener angewendet, obwohl diese Dächer doch sehr schön aussehen.

Hinter dem Spielplatz müssen wir rechts über eine etwas tückische Bordsteinkante abbiegen, dort liegt in einer Kuhle ein weiterer Spielplatz. Danach führt der Weg am Klärwerk vorbei und man gelangt hinter einer Turnhalle rechts auf die alte Dorfstraße von **Hackhausen**. Wenig später befindet sich hinter dem Katharinenhof (ein Reithof) **Schloss Arff**.

**Schloss Arff** war einst ebenso wie die Schlösser in Stammheim (Tour 1) und in Wahn (Tour 4) einer der barocken Prachtbauten des Rheinlandes. 1750 bis 1755 von einem französischen Hofarchitekten erbaut, spiegeln die strenge Symmetrie sowie die reichlichen Verzierungen den Geist und die Mode der damaligen Zeit wider. Der Clou ist, dass Schloss Arff auf Baumpfählen errichtet wurde, da es als Wasserschloss angelegt wurde. Der vom Eingang aus gesehen hinter dem Schloss liegende, ebenfalls geometrisch gegliederte Park rundet das insgesamt schöne Ensemble ab. Leider kann das Schloss nicht von innen besichtigt werden, da es in Privatbesitz ist.

Wir fahren weiter geradeaus bis zur nächsten Kreuzung, biegen im spitzen Winkel nach links ab (links Pferdekoppel, rechts Backstein-Stromhaus) und radeln über den **Kölner Randkanal** nach 200 m rechts auf einen Feldweg. An der nächsten Kreuzung geht es nach links, weiter über die Autobahn, dahinter sofort rechts und im Linksbogen hinunter zum **Kölner Pferdesport-Verein** und zum **Western-Dorf Carson-City**. Einige Western-Fans haben hier versucht, Gebäude im Western-Stil aufzubauen. Jeden dritten Samstag im Monat treffen sich hier Cowboys; im Juni findet dann am dritten Samstag der Tag der offenen Tür statt.

Wir fahren auf dem Weg weiter bis zum Fachwerkhaus, dort biegen wir rechts ab und überqueren anschließend die **Sinnersdorfer Straße**, später biegen wir links in die **Quettinghofstraße** ein. Geradaus fahren wir über die **Baptiststraße** und den **Walter Dodde-Weg** in die Einbahnstraße (**Im Mönchsfeld**) hinein, fahren hinter der Siedlung einen

**Lindenallee bei Dormagen**

Friedliche Stimmung – Pferde auf der Koppel

Rechtsbogen und radeln dann links auf die **Berrischstraße**, die uns auf die Rückseite des **S-Bahnbahnhofs Köln-Worringen** führt.

➡ *Hier Anschlussmöglichkeit zur Tour 14 (Seite 144 ff)*

**Anmerkung:**
Diese Tour ist in abgeänderter Form entnommen aus dem Flyer ***Fahrrad fahren, Tiere, Cowboys und Limonade – die Tour für Kinder in Chorweiler***, Hrsg.: Stadt Köln, 1999

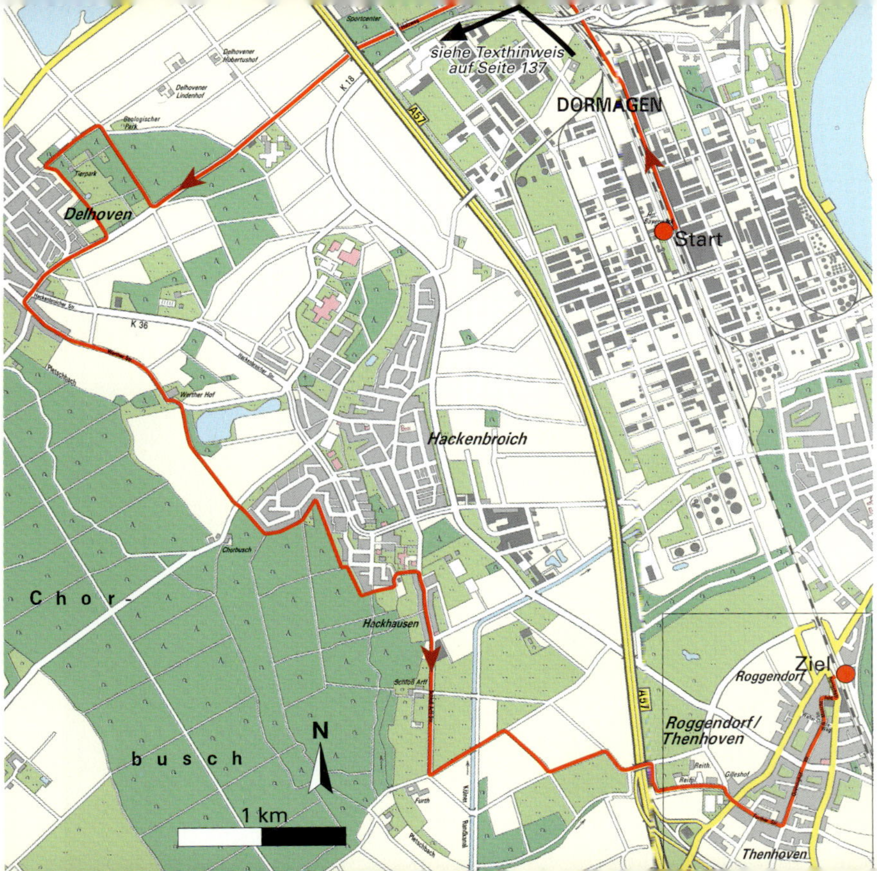
siehe Texthinweis
auf Seite 137
DORMAGEN
Start
K 18
A57
Delhoven
K 36
Hackenbroich
C h o r -
b u s c h
Hackhausen
Ziel
Roggendorf
Roggendorf/
Thenhoven
Thenhoven
N
1 km

Golfplatz
L 183n
Roggendorf
Ziel
Berrischstr.
Norfer Weg
Straberger Weg
Roggendorf/
Thenhoven
Walter-Dodde-
Weg
Quettings-
hof
Sinnersdorfer Str.
L 183
Reith.
Gilleshof
Baptiststr.
Reitpl.
Gutnick-
str.
Bachhof
Sp.Pl.
Fortuin-
weg
Im
Wichemshof
Thieveshof
Kläranl.
Mottenkaul
Am
Feldgarten
Thenhoven
Berrischstr.
K 9
Köln-

# Tour 14: Bruch, Beton und Busch



**Start und Ziel:** S-Bahnbahnhof Köln-Worringen (Park & Ride)
**Länge der Tour:** 25 km (19 km bei Abkürzung ab Esch)

**Streckenprofil:** flach; größtenteils autofreie Wegführung

**Schwierigkeitsgrad:** leicht, für Kinder und Fahrradanhänger geeignet.

**Sehenswürdigkeiten:** Worringer Bruch, Rheindamm bei Langel, St. Martinus in Esch, Haus Arff, Krebelshof

**Einkehrmöglichkeiten:** in Langel an der Fähre sowie im Ort, in Fühlingen, Chorweiler, Esch und im Krebelshof.

**Freizeiteinrichtungen:** Spielplatz in Chorweiler, mehrere Pferdehöfe, Krebelshof

## Eine Rundtour im Kölner Norden

Ebenso wie bei der vorigen Tour wird dem Radler der Charakter einer Niederrheinlandschaft geboten. Auf weiten Strecken geht es durch Felder, auf Dämmen und durch eine Bruchlandschaft, denn im Norden Kölns hat der Rhein abseits seines heutigen Verlaufes deutliche Spuren hinterlassen.

Von der **S-Bahnstation in Köln-Worringen** kommend überqueren wir vorsichtig die vor dem Bahnhof verlaufende **Bruchstraße** und fahren der Radwegweisung folgend in einen kleinen Weg hinein. An der Gabelung in Höhe des Worringer Bruchs fahren wir rechts an einem schönen alten **Mühlenturm** (bewohnt) vorbei; der Radweg verläuft nun parallel links der Bruchstraße. In Höhe der **Heinrich-Lutz-Straße** biegen wir links in den **Senfweg** ein. Wir fahren nun mitten durch eines der bedeutendsten Kölner Naturschutzgebiete, das **Worringer Bruch**. Eine Info-Tafel am Weganfang weist uns auf die besondere Bedeutung dieses Gebietes hin.

Das Worringer Bruch ist ein alter verlandeter Rheinarm. Bereits zu Zeiten der Römer floss der Rhein nicht mehr durch den hiesigen Altarm,

**Das Worringer Bruch – hier floss einst der Rhein entlang**

**Gut Brungeshof**

sondern weiter östlich. Das hier liegende Bruchgebiet ist ein Relikt aus dem Wechsel von Kalt- und Warmzeiten. Der Fluss konnte hier während der Kaltzeit mitgeführtes Gesteinsmaterial aufgrund der reduzierten Fließgeschwindigkeit ablagern. In der darauf folgenden Warmzeit schnitt sich der Fluss tiefer ins Gelände ein und trennte so die hufeisenförmige Senke von seinem geänderten Verlauf ab.

In diesem Naturschutzgebiet finden heute viele seltene Vogel-, Insekten- und Pflanzenarten wertvolle Rückzugsräume. Totholzbestände als Folge der starken Grundwasserspiegel-Schwankungen bieten u.a. dem Pirol, der Nachtigall sowie dem sehr selten gewordenen Kleinspecht neuen Lebensraum. Einen besonderen Eindruck bietet das Bruch vor allem nach längeren Regenfällen und einem hohen Grundwasserstand. Dabei hat man das Gefühl, sich in einem tropischen Regenwald zu befinden.

Der Weg führt aus dem Wald heraus über die Felder bis zur **Alten Neusser Landstraße**, hier fahren wir rechts bis zur B 9, diese überqueren wir und radeln auf dem linksseitigen Radweg weiter. Wenig später biegen wir links in die alte Neusser Landstraße ein (Hinweisschild zur Fähre in Langel). Auf dieser ehemaligen Römerstraße zieren noch heute Altbestände von Holländischen Linden das Straßenbild. Nach ca. 400 m biegen wir links in einen Feldweg ein und fahren an dessen Ende rechts auf den Langeler Damm (Erlebnisweg Rheinschiene). Nun geht es eine ganze Weile auf dem Damm entlang in Richtung Langel. Wer Pech hat, muss an windigen Tagen mit Gegenwind rechnen. Kurz vor Langel stößt man auf eine Hauptstraße, auf die wir links einbiegen und bis kurz vor Erreichen der Fähre bleiben. Wer möchte, kann hier im Gasthof zur Fähre eine kleine Rast einlegen.

Kurz vor der Fährenauffahrt folgen wir rechts der Radwegweisung in Richtung Köln Zentrum, fahren den Dammweg ein Stück bergauf, um dahinter an der nächsten Gabelung sofort wieder rechts abzubiegen (**Am Alten Brauhaus**); danach geht es der Radwegweisung folgend leicht rechts in den **Mohlenweg** hinein und weiter nach **Fühlingen**.

**Fühlingen**, auch weniger liebevoll „Kölns größte Badewanne" genannt (in Anspielung auf den Fühlinger See, der im Sommer hoffnungslos überfüllt ist und schon einige Male mit Sauerstoff reanimiert werden musste), bietet ebenso wie Langel und Worringen dem Radler ein beschauliches Bild. Hier, weit weg vom Zentrum Kölns, stört die Bewohner unter der Woche zwar der Lärm der Autos und „Brummis" entlang der Bundesstraße 9, ansonsten wohnt man in schicken Eigenheimen und möchte von „Köln" nicht allzu viel wissen. Denn bis heute unvergessen bei den „Nordbürgern" ist der Protestzug 1971 vor das Kölner Rathaus, als man sich erfolgreich gegen die Ausweisung von Industrie- und Gewerbeflächen zur Wehr setzte.

An der Gabelung zum Ortsbeginn halten wir uns rechts, weiter geradeaus, in Höhe der **Kirche St. Marien** überqueren wir die Neusser Land-

**Altes Stromhäuschen bei Worringen**

straße (B 9) und radeln weiter bis nach **Chorweiler**. Der große Spielplatz kurz vor dem Wohnpark eignet sich für eine Pause.

Die einst für 100.000 Neubürger geplante Trabantenstadt hatte lange Zeit einen schlechten Ruf. Zahlreiche städtische Sanierungsprogramme, aber auch soziales Engagement der Bewohner machen **Chorweiler** heute nach Angaben der inzwischen „Eingesessenen" zu einem durchaus angenehmen Wohnort. Ursprünglich viel zu breit geplante Straßentrassen wurden wieder zurückgebaut, bekannte Künstler wie Jürgen Becker und Konrad Beikircher treten schon mal im „Büze" auf, und die vom Chorweiler Bürgerzentrum ins Leben gerufene Initiative „Nordrock" fördert Nachwuchs-Bands.

Wer jedoch mit dem Fahrrad vor der **S-Bahnstation Chorweiler Nord** steht, kommt nicht umhin, das hässliche Gesicht von Chorweiler zu erleben: Verdreckte Hauswände, schmutzige Grünstreifen und verlassene Spielplätze. Doch laut Polizei-Statistik ist die Kriminalität deutlich zurückgegangen, Chorweiler sei genauso sicher oder gefährlich wie andere Kölner Vororte.

Kurz vor der Siedlung an der Gabelung bleiben wir links auf dem Hauptweg (Radweg R 18) und fahren durch eine Unterführung in den **Wohnpark von Chorweiler** hinein, durch eine Hausunterführung hindurch biegen wir links in die **Weserpromenade** ein (**S-Bahnhaltestelle Chorweiler Nord**). Am Ende des Südausganges der S-Bahnhaltestelle fahren wir erst rechts, dann links um den kleinen Treppenplatz herum, vor der Treppenüberführung geht die Route rechts vorbei und führt wiederum rechts auf dem Radweg parallel zur **Merianstraße** weiter.

Die Route führt uns nun aus Chorweiler hinaus, indem wir die **Elballee** und die **Mercatorstraße** überqueren, dann rechts in die **Deliasstraße** hineinfahren, um sofort wieder links in den Vorort **Weiler** zu gelangen. Dort fahren wir geradeaus über die Bahngleise und in der Folge weiter entlang des Radweges der Kreisstraße K 7 nach **Esch**. Am Ortsanfang biegen wir in Höhe der Bushaltestelle rechts in die durchlässige Sackgasse ein; linker Hand liegt nun **St. Martinus.** In Esch laden Einkehrmöglichkeiten sowie unter der Woche der Frohnhof für die Selbstversorger zu einer Pause ein (siehe auch Tour 12).

➡ *Hier Anschlussmöglichkeit zur Tour 12 (Seite 128)*

Die Tour führt nun weiter am **Frohnhof** vorbei, danach geht es rechts auf die **Thenhovener Straße**, welche wir kurz vor der Autobahnunterführung nach links verlassen und auf den für Kraftfahrzeuge gesperrten Feldweg der Radwegweisung folgend weiter radeln. Später macht der Weg eine scharfe Rechts- und dann eine Linkskurve; nach 200 m erreichen wir eine Gabelung.

**Das Worringer Bruch – Heimat vieler seltener Vögel und Pflanzen**

***Abkürzung:***

*Wer keine Puste mehr hat, kann hier rechts abbiegen, über die Autobahn fahren und auf der **Quettinghofstraße** geradeaus durch **Thenhoven** radeln. Nach Überquerung des **Walter Dodde-Weges** in die Straße **Im Mönchsfeld** hineinfahren, später links abbiegen in die **Berrischstraße**, die uns an den Hinterausgang **des S-Bahnbahnhofs Köln-Worringen** führt. Das Fahrrad die Rampe hinunterschieben, dann mit dem Aufzug auf den Bahnsteig hinauf bzw. am anderen Ende der Unterführung das Fahrrad die Rampe hinaufschieben und zum Park & Ride-Platz gehen.*

An der Gabelung radeln wir geradeaus weiter und folgen der Radwegweisung R 18, später fahren wir in den neu gebauten Kreisel der Umgehungsstraße von Sinnersdorf hinein. Hinter dem Kreisel fahren wir links weiter, biegen dann sofort rechts ab, später fahren wir wieder nach links, weiter geht der Tourenverlauf über den **Kölner Randkanal.** Wir folgen der Radwegweisung Richtung Knechtsteden immer geradeaus. Am Reitverein **Gut Brüngeshof** vorbei geht es weiter bis zum Parkplatz in Höhe des **Chorbusch.**

Wir fahren nun weiter rechts (**Further Weg**), an der nächsten Gabelung biegen wir links ab und gelangen wenig später zum **Schloss Arff** (siehe Tour 13).

Am Ortsbeginn von **Hackhausen** biegen wir rechts in einen Feldweg ein, überqueren die **Straberger Straße** und radeln weiter unter der Autobahn hindurch. Wir fahren links auf den Radweg, überqueren den **Mühlenweg** und kreuzen danach die Einfahrten zu den Bayerwerken, kurz vor dem Bahnübergang endet der Radweg. Jetzt müssen wir vorsichtig die Fahrbahn überqueren und weiter über die Gleise auf der Fahrbahn radeln. Wir biegen rechts in die **Alte Straße** ein; in Höhe des **Further Wegs** beginnt erneut ein Radweg. Weiter geht es am **Krebelshof** vorbei und danach überqueren wir die **St.-Tönnis- Straße** an einer Verkehrsinsel. Wir fahren rechts weiter den Radweg entlang des Worringer Bruchs und nach ca. 200 m geht es rechts zum Park & Ride-Platz des **S-Bahnbahnhofs Köln-Worringen**.

Tour 14
Start / Ziel
Roggendorf
Roggendorf / Thenhoven
Thenhoven
Hackhausen
Worringer Bruch
Langel
Fühlingen
CHORWEILER
Weiler
Volkhoven / Weiler
A57
L 183
N
1 km

# Serviceteil

## Tour 1: Segeln und Baden am Stadtrand

**Zur Rheinterrasse**

Stammheimer Hauptstr. 7, 51061 Köln, Tel. 0174 - 60 42 417
Öffnungszeiten: Montag bis Freitag 17-24 h,
Samstag, Sonntag ab 11 h

**Großklärwerk Stammheim**

Tel. 0221 / 221 26 845 (Anmeldung für Führungen)
Öffnungszeiten: kostenlose Führungen nach telefonischer Anmeldung von März bis Oktober jeden zweiten Samstag ab 14 Uhr
Treffpunkt: Pforte 1 an der Egonstr.
Infos zum Thema Abwasser gibt das Abwasserforum Köln e.V. Dieses Forum bietet speziell für Schulen Unterrichtsreihen in der Umweltschule am Klärwerk an. Tel. 0221 / 221 - 26 845

**Optischer Telegraf**

Egonstr. 152, 51061 Köln, Tel. 0221 / 66 23 88
Öffnungszeiten: Das Gebäude kann bei telefonischer Voranmeldung besichtigt werden.

**Waldbad Dünnwald**

Freies Ortskartell e.V., Peter-Baum-Weg, 51069 Köln, Tel. 0221 / 60 33 15
Öffnungszeiten: ab Mai täglich 9-20 h
Eintritt: ca. 3,00 € (Erwachsene), ca. 1,50 € (Kinder von 2-14 J.)

**Kombibad Paffrath**

Borngasse, 51469 Bergisch Gladbach, Tel.: 0 22 02 / 5 33 44
Öffnungszeiten: Montag, Mittwoch und Freitag 6.15-21.30 h,
Donnerstag 6.15-21.00 h, Samstag 6.15-20.00 h (im Winter bis 18.00 h),
Sonntag 8.00-20.00 h.
Eintritt: 4,90 € / 4,60 € Tageskarte, 3,90 € / 3,50 € 2 Stunden (Erwachsene / Kinder von 4-17 Jahre), Familienkarte 4,50 € / 3,00 € Tageskarte, 3,50 € / 2,00 € 2 Stunden (je Erwachsener / je Kind)

**Diepeschrather Mühle**

Diepeschrather Weg, 51469 Bergisch Gladbach, Tel. 02202 / 51 651
Öffnungszeiten: täglich 10-24 h

**Fit for fun! Radeln in der Gruppe macht besonders Spaß**

## *Tour 2: Bachgrafen und Bachlandschaften*

**Isenburg**

Johann-Bensberg Str. 49, 51067 Köln, Tel.: 0221/69 59 09
Öffnungszeiten: Dienstag bis Freitag 12-15 h und ab 18.30 h, Samstag ab 18.30 h, Ruhetage: Sonntag und Montag

**Straßenbahnmuseum im alten Bahndepot Thielenbruch**

Postadresse: Historische Straßenbahn e.V. c/o Kölner Verkehrsbetriebe AG Mönchgasse 25, 50737 Köln; Tel. 0221 / 28 34-771 (Information), www.hsk-koeln.de
Öffnungszeiten: jeden zweiten Sonntag von März bis Dezember 11-17 h, in dieser Zeit stündliche Führungen von 11-15.30 h
Eintritt (inkl. Führung): 1,5 € (Erwachsene), 1 € (Kinder von 6-12 J.)

**Schmieders Gasthaus im Museum**

Gemarkenstr. 139, 51069 Köln, Tel. 0221 / 6 80 16 63, www.schmieders.de
Öffnungszeiten: Dienstag bis Samstag: 12-24 h, Sonn- und Feiertage ab 11 h, Ruhetag: Montag oder nach Absprache; (mit Biergarten)

**Schavu Gaststätten GmbH**

Dellbrücker Hauptstr. 61, 51069 Köln, Tel. 0221 / 968 97 35

## *Tour 3: ProPorz – Rund um Porz*

**Wirtshaus Helfer**

Urbanusstr. 1, 51147 Köln, Tel. 02203 / 95 98 00
Öffnungszeiten: Dienstag bis Samstag ab 16.30 h, Sonntag ab 10 h; (mit Biergarten)

**Haus Rott – Reiterhof und Reiterstübchen**

Reit- und Fahrverein e.V. ‚Haus Rott', Kriegsdorfer Str. 73, 53844 Troisdorf, Tel. 02241 / 40 47 28, 02241 / 40 54 78 (Meldestelle/Büro)
Öffnungszeiten: (Reiterstübchen) Montag bis Freitag 15-23 h, Samstag, Sonn- und Feiertage 11-18 h

**Golfanlage Libur**

Dr. Velte Golf GmbH & Co. KG, Urbanusstr., 51147 Köln, Tel. 0800 / 1 23 46 53 (Information), 02203 / 96 14 56
Öffnungszeiten: Winter 9 h bis Dunkelheit, Frühjahr und Herbst 8 h bis Dunkelheit, Hochsommer 8-20 h
Eintritt frei, Schläger 1,50 € / Tag, 24 Bälle 1,50 € / Tag

## Tour 4: Von Bauern, Rittern und Grafen

**Restaurant Anno Pomm Kartoffelhaus**

Rösrather Str. 653; 51107 Köln; Tel. 0221 / 86 13 73

Öffnungszeiten: Montag bis Samstag 12 - 24 h, Sonn- und Feiertage 12-22 h

**Erholungsgebiet Gut Leidenhausen**

Tel.: 02203 / 3 99 87; 51147 Köln

**Haus des Waldes** (Waldmuseum, Schutzgemeinschaft Deutscher Wald e.V.) Tel. 02203 / 3 99 87 (hier auch Anmeldung zur Waldschule möglich: Naturunterricht nach Vereinbarung)

Öffnungszeiten: Führungen nach Vereinbarung unter 02234 - 985 42 57 oder Sonntag, Feiertag 10-17 h

**Greifvogelschutzstation**

Öffnungszeiten: Sonn- und Feiertage 1. April bis 30. September 10-18 h, 1.Oktober bis 31.März 10-17 h

Eintritt frei; kostenlose Führungen am dritten Samstag im Monat um 15 h, Gruppentermine nach Vereinbarung; Führungen an Wochentagen auch nach Vereinbarung

**Obstmuseum**

Jederzeit frei zugänglich

## Tour 5 : Mammutprojekte und Naturschutz

**Gourmet-Restaurant Forsthaus Telegraph**

Mauspfad 3, 53842 Troisdorf; Tel. 02241 / 7 66 49, www.forsthaus-telegraph.de

Öffnungszeiten: Dienstag bis Freitag von 18.30 h, Samstag von 18.30 h, Sonntag 12-15 h und von 18.30 h; (mit Biergarten)

**Heideklause in Altenrath**

Flughafenstr. 25, 53842 Troisdorf, Tel. 02246 / 53 97

Öffnungszeiten: Mittwoch, Freitag ab 16 h, Samstag geschlossen, Sonntag 10 - 14 h, ab 16 h

**Infozentrum Wahner Heide**

Flughafenstr. 33, 51147 Köln, Büroadresse: Alte Feuerwache, Melchiorstr. 3, 50670 Köln, Tel. 0221 / 7 39 28 71 (Büro), www.wahner-heide.com

Öffnungszeiten: Sonntag 11 - 17 h sowie nach Vereinbarung (April bis Oktober). Von dort finden u. a. naturkundliche Exkursionen durch die Wahner Heide statt. Extra-Veranstaltungen für Kinder- und Schulgruppen

**Gartenlokal zum Bambi**
Brander Str. 154a, 51503 Rösrath, Tel. 02205 / 38 68
Öffnungszeiten: Dienstag bis Sonntag ab 11 h, Ruhetag: Montag

**Kinder- und Jugendhilfezentrum Stephansheide**
Stephanskapelle, Pestalozziweg 77, 51503 Rösrath, Tel. 02205 / 92 27; Dokumentation der Geschichte des Kriegsgefangenenlagers (1940-45), Informationen beim Geschichtsverein für die Gemeinde Rösrath und Umgebung e.V., Geschäftsstelle: Schloss Eulenbroich (Donnerstag 16-18 h); 51494 Rösrath, Tel. 02205 / 8 46 36, www.gv-roesrath.de
Führungen nach Vereinbarung

## *Tour 6: Durch den rechtsrheinischen Grüngürtel*

**Waldschenke**
Am Kunstfeld 41, 51069 Köln, Tel. 0221 / 6 08 55 58, www.waldschenke-koeln.de
Öffnungszeiten: Dienstag bis Freitag ab 17 h, Samstag, Sonntag und Feiertag ab 11 h, Ruhetag: Montag; (mit Biergarten)

**Schulmuseum Katterbach Sammlung Carl Cüppers**
Kempener Str. 187, 51467 Bergisch-Gladbach, Tel. 02202 / 8 42 47 (bei Führungen und historischem Unterricht)
Öffnungszeiten: Montag bis Freitag 10-13 h, Sonntag 11-17 h, in den Schulferien geschlossen

**Diepeschrather Mühle** siehe Tour 1

**Haus Waldfrieden**
Olpener Str. 1096 / Am Wildwechsel, 51109 Köln, Tel. 0221 / 84 17 89
Öffnungszeiten: Dienstag bis Samstag 17-24 h, Sonntag 12-15 h, 17-24 h

**Waldhaus Königsforst**
Baumschulenweg, 51107 Köln, Tel. 02205 / 55 66
Öffnungszeiten: ab Februar täglich ab 11.30-22 h, im Winter bis 18 h
Ruhetag: Montag

## Tour 7: Rhein, rauf und runter

**Restaurant Zur Tant**

Rheinbergstraße 49, 51143 Köln, Tel.: 02203 / 8 18 83

Öffnungszeiten: 12 - 14.30 h, 18 - 21.30 h, Ruhetag: Donnerstag

**Personenfähre Langel-Hitdorf**

Tel. 0178 / 8 32 34 73

Öffnungszeiten: ganzjährig; erste Fähre ab 6 h; Samstag und Sonntag ab 9 h (im Winter ab 10 h); letzte Fähre ca. 20 h (im Winter ca. 19 h)

**Personenfähre Weiß-Zündorf**

Weißer Leinpfad / Fähre, Köln, Tel. 0179 / 5 24 07 59

Öffnungszeiten: von 15. März bis 15. Oktober Montag bis Freitag 11-19 h, Samstag und Sonntag 10-20 h (bei Regenwetter kein Fährverkehr), in den Wintermonaten nur sehr unregelmäßig

**Sürther Bootshaus**

Sürther Leinpfad, 50999 Köln, Tel. 02236 / 69 703

Öffnungszeiten: Montag bis Samstag 11-23 h, Sonntag ab 10 h

**Museum Zündorfer Wehrturm**

Hauptstr. 180, 51143 Köln, Tel. 02203 / 8 52 50 (wenn geöffnet)

Öffnungszeiten: Samstag und Mittwoch 15-18 h, Sonntag 14-18 h, und nach Vereinbarung

**Turmhof**

Hauptstr. 181, 51143 Köln, Tel. 02203 / 98 25 34

www.turmhof-restaurant.de

Öffnungszeiten: Montag bis Freitag 12-15 h, 18-24 h; Samstag und Sonntag 11.30-24 h, bei schönem Wetter durchgehend geöffnet; (mit Biergarten)

**Kombibad Zündorf mit Saunalandschaft**

Groov / Trankgasse, 51143 Köln, Tel. 02203 / 18 35 3 – 0

Öffnungszeiten: Montag und Freitag 6.30-22 h, Dienstag bis Donnerstag 8-22 h, Samstag und Sonntag 9-21 h; Sommerbetrieb Außenbecken: Montag und Freitag 6.30-20 h, Dienstag bis Donnerstag 8-20 h, Samstag und Sonntag 9-20 h; Eintritt: 3,30 € (Erwachsene), 2,50 € (Jugendliche bis 17 J.), 0,50 € (Kinder unter 5 J.), bei Saunabesuch teurer

**Gasthaus Nepomuk**

Marktstr. 22a, 51143 Köln, Tel. 02203 / 98 27 27

Öffnungszeiten: Montag bis Freitag ab 11 h (im Winter ab 16 h), Samstag und Sonntag ab 11 h, Ruhetag: Mittwoch (im Winter)

## Tour 8: Rhododendron in Rodenkirchen

**Forstbotanischer Garten**

Tel. 0221 / 35 43 25

Öffnungszeiten: April bis August 9 - 20 h, März, September, Oktober 9 - 18 h, November bis Februar 9 - 16 h

Eintritt frei; kostenlose Führungen jeden ersten Mittwoch im Monat um 14.30 h, jeden dritten Samstag im Monat um 15 h (Treffpunkt am Pilz)

**Weingut Bitzerhof**

Immendorfer Hauptstr. 21, 50997 Köln, Tel. 02236 / 6 1921

Öffnungszeiten: täglich 12-16 h, 18-24 h

**Im Treppchen**

Kirchstr. 15 und 20, 50997 Köln, Tel. 0221 / 39 21 79

Öffnungszeiten: täglich 10.30-24 h; (mit Biergarten)

## Tour 9: Auf den Spuren der Preußen

**Haus am See am Decksteiner Weiher**

Bachemer Landstr. 420, 50935 Köln,

Tel. 0221 / 43 43 21, 0221 / 4 30 16 01

Öffnungszeiten: täglich ab 10.30 h

**Freibad am Stadion**

Aachener Str. / Stadion, 50933 Köln, Tel. 0221 / 27 91 84 – 0

Öffnungszeiten: Montag bis Freitag 10-20 h, Samstag, Sonntag und Feiertag 9-20 h; Eintritt: 3,10 € (Erwachsene), 2,50 € (Jugendliche bis 17 J.), 0,50 € (Kinder unter 5 J.)

**Arbeitskreis „Nüssenberger Busch"**

Erreichbar über NABU-Stadtverband Köln, St. Tönnis-Straße 15 a im Fronhof Worringen, 50769 Köln, Tel. 0221/7 90 28 89

Führungen und Begehungen möglich

## Tour 10: Klerus und Handel

**Geißbockheim**

Cluballee 1-3, 50937 Köln, Tel. 94 36 43-43

Öffnungszeiten: ab 11 h (warme Küche)

**Haus am See am Decksteiner Weiher** siehe Tour 9

## Tour 11: Musik aus der Abtei Brauweiler

**Römische Grabkammer**

Aachener Str. 1328, 50859 Köln, Tel. 0 22 34 / 7 33 99

Öffnungszeiten: Dienstag bis Donnerstag 10 - 13 h, Freitag 10 - 17 h, Samstag und Sonntag 13 - 17 h, Montag und Feiertag sowei vom 22.12. bis 18.01. geschlossen; Führung außerhalb der Öffnungszeiten nach telefonischer Vereinbarung

Eintritt: 1,00 €, 0,50 € (Kinder unter 18 Jahren)

**Hallenbad in Weiden**

Ostlandstr. 39, 50858 Köln, Tel. 0 22 34 / 43 10 4 – 0

Öffnungszeiten: Montag, Mittwoch, Freitag 6.30-21.30 h, Dienstag 6.30-8 h, 15-21.30 h, Donnerstag 6.30-8 h, Samstag und Sonntag 9.30-16.30 h

Eintritt: 3,10 € (Erwachsene), 2,50 € (Jugendliche bis 17 J), 0,50 € (Kinder unter 5 J.), bei Saunabesuch teurer

## Tour 12: Baggerlöcher, Boomtown und Biergarten

**Lehrpfad Wasserwerk Weiler**

Tel.: 0221 / 178 - 37 31 (GEW) bzw.

Tel.: 0221 / 221 - 2 65 51 (Abwasser-Forum Köln e.V.)

Die Anlage ist frei zugänglich, Führungen werde jedoch nicht mehr angeboten.

**Frohnhof Esch**

Frohnhofstr. 2, 50765 Köln, Tel. 0221 / 5 90 64 85

Öffnungszeiten: Dienstag bis Freitag 9-12 und 15-18 h, Samstag 9-12 h

Ruhetag: Montag und Sonntag

**Goebels Biergarten**

Ecke Frohnhofstr. / Kirchgasse 1; 50765 Köln, Tel. 0221 / 5 90 17 36

Öffnungszeiten: Montag - Freitag 17 - 23 h, Samstag und Sonntag 11 - 23 h

Ruhetag: Donnerstag

**Bistro Miró**

Frohnhofstr. 35, 50765 Köln, Tel. 0221 / 9 59 10 24

Öffnungszeiten: Dienstag bis Freitag 9-22 h, Samstag, Sonn- und Feiertage 10.30-22 h, Ruhetag: Montag; (mit Biergarten)

**Biergarten Pohlhofschänke**
Pohlhofstr. 3, 50765 Köln, Tel. 0221 / 5 90 75 76,
www.pohlhofschänke.de
Öffnungszeiten: Montag bis Freitag ab 16 h, Samstag ab 14 h, Sonn- und Feiertage ab 10 h, Ruhetag: Dienstag (nicht bei schönem Wetter)

## *Tour 13: Steine, Trolle und viele Pferde*

**Haus Tannenbusch**
Josef-Stein-Str. 41, 41540 Dormagen, Tel. 02133 / 8 08 06
Waldbildungsstätte Haus Tannenbusch mit Ausstellung „Dormagen zwischen Wald und Wasser"
Öffnungszeiten: Samstag bis Donnerstag 10-18 h, Freitag geschlossen; Museum kostenlos, Teilnahme an Umwelterziehung für Kinder kostenlos

**Waldcafé Tannenbusch**
Im Tannenbusch (Tierpark), 41540 Dormagen, Tel. 02133 / 8 06 06
Öffnungszeiten: Montag bis Samstag 14 - 19 h, Sonntag 10.30 - 19 h, Ruhetag: Freitag

**Waldkindergarten Dormagen-Knechtsteden e.V.**
Tel. 02133 / 534 057 (Verein), 41540 Dormagen

**Tierpark**
Tel. 02133 / 80 7 18; 41540 Dormagen
Öffnungszeiten: täglich ab 10 h, Eintritt frei

## *Tour 14: Bruch, Beton und Busch*

**Gasthof Zur Fähre**
Conenhofstr. 132, 50769 Köln, Tel. 0221 / 7 08 74 94
Öffnungszeiten: täglich 11-1 h, Sonntag ab 10 h; (mit Biergarten)

**Goebels Biergarten** siehe Tour 12

**Bistro Miró** siehe Tour 12

**Krebelshof**
Alte Str. 71 / Further Weg 1, 50769 Köln, Tel. 0221 / 78 39 64
Öffnungszeiten: Bistro täglich 15-22 h; Kinderbetreuung ab 14.30 h (Kinder unter 13 J.)